WIRTSCHAFTSDEUTSCH FÜR ANFÄNGER

Grundstufe

[3] Lehrerhandbuch

von

Elvira Gehrke und Jörn Kneiding

Ernst Klett Verlag – Edition Deutsch
Stuttgart München Düsseldorf Leipzig

Dieses Werk folgt
der reformierten Rechtschreibung und Zeichensetzung.
Ausnahmen bilden Texte, bei denen künstlerische, philologische oder
lizenzrechtliche Gründe einer Änderung entgegenstehen.

Gedruckt auf Papier aus chlorfrei gebleichtem Zellstoff

1. Auflage 1 5 4 3 2 | 1999 98 97

Alle Drucke dieser Auflage können im Unterricht nebeneinander benutzt werden,
sie sind untereinander unverändert.
Die letzte Zahl bezeichnet das Jahr des Druckes.

Umschlagfoto: IFA-Bilderteam, Taufkirchen bei München
Druck: W. Röck, Weinsberg · Printed in Germany

ISBN 3-12-**675129**-6

Inhalt

Piktogramme, die im Lehrerhandbuch benutzt werden:

	Arbeit im Plenum
	Kleingruppenarbeit
	Partnerarbeit
	Einsatz der Tonkassette
	Schriftliche Übung
	Rollenspiel
	Spiel/Zusätzliche Übungen
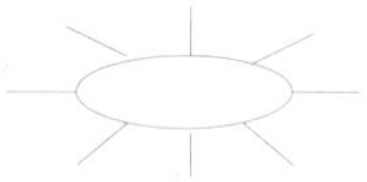	Igeldiagramm

Abkürzungen, die im Lehrerhandbuch vorkommen:

AS	Audioskript
KL	Kursleiter(inn)en
KT	Kursteilnehmer(inn)en
LB	Lehrbuch
Ü	Übung/Übungen
Ustd.	Unterrichtsstunde
bzw.	beziehungsweise
evtl.	eventuell
ggf.	gegebenenfalls
i.d.R.	in der Regel
S.	Seite
u.U.	unter Umständen
usw.	und so weiter
vgl.	vergleiche

Einleitung

Wirtschaftsdeutsch im Anfängerunterricht?

Diese Frage wird von Skeptikern oft mit einem vehementen *„Unmöglich!"* beantwortet. Begründet wird diese Ansicht häufig damit, dass der Lerner doch wohl erst einmal die Allgemeinsprache lernen müsse, bevor er/sie sich an die Fachsprache wagen könne. An dieser Stelle soll die Diskussion darüber, was denn nun der Terminus Wirtschaftsdeutsch bzw. Fachsprache beinhalte, nicht fortgeführt werden[1], zumal Bungarten feststellt, dass „bis heute eine allgemein anerkannte, widerspruchsfreie, explizite und umfassende Theorie der Fachsprachen"[2] fehlt. Wirtschaftsdeutsch soll hier im weiteren Sinne als *Wirtschafts**kommunikation*** oder *Deutsch im sprachlichen Handlungsfeld Wirtschaft* verstanden werden. Damit wird deutlich, dass nicht das Erlernen von Wirtschaftstermini und wirtschaftlichen Inhalten allein gemeint ist, sondern auch das Erlernen von allgemeinsprachlichen Strukturen.

Aus diesem eher kommunikativ-pragmatischen Ansatz heraus lässt sich die anfänglich gestellte Frage sehr wohl mit *„Ja"* beantworten, denn es handelt es sich um Anfängerunterricht mit dem Schwerpunkt auf sprachlichen Mustern, typischen Kommunikationsformen und -situationen aus dem Bereich Wirtschaftsdeutsch. Zu Beginn sind die Inhalte und Kommunikationssituationen ohnehin identisch, z. B. Begrüßung, sich vorstellen oder sich kennenlernen, sodass sie für jeden speziellen Rahmen passen würden.

Konzeption des Lehrwerks

Zielgruppe Berufstätige, die in ihrem eigenen Land häufig Kontakte mit deutschen Partnern im Bereich Wirtschaft haben oder/und für eine befristete Zeit im deutschsprachigen Raum tätig sein werden (sowohl Management als auch Sekretärinnen und Sachbearbeiter) sowie Studentinnen und Studenten, die sich auf derartige Tätigkeitsfelder vorbereiten.

Einstiegsniveau Keine oder sehr geringe Deutschkenntnisse

Lernziele Die Lerner sollen insbesondere befähigt werden,

- Texte aus der Berufssprache und der öffentlichkeitsorientierten Fachsprache zu verstehen,
- mit deutschsprachigen Partnern im fachsprachlichen Bereich kommunizieren zu können und
- Alltagssituationen, die für ausländische Geschäftsreisende bzw. kurzfristig in Deutschland beschäftigte Ausländer besonders relevant sind, sprachlich bewältigen zu können.

Zeitlicher Umfang Das Lehrwerk ist auf ungefähr 120 Unterrichtsstunden je Band konzipiert.

Themenbereiche der Grundstufe sind: Kontaktaufnahme, Messen, Unternehmen, Branchen/Anbieter/Abnehmer, Produkte, Werbung.

---

[1] Zu dieser Diskussion bieten die folgenden Beiträge interessante Aspekte: 1) Buhlmann, R. (1989): Fachsprache Wirtschaft - gibt es die? In: Jahrbuch Deutsch als Fremdsprache 15 (1989), S.82 - 108; 2) Bungarten, T. (Hg.) (1993): Fachsprachentheorie. 2. Bde. Tostedt 1993; Hahn, W. v. (1983): Fachkommunikation. Berlin 1983.

[2] T. Bungarten (1993), S. 21

Textsorten Das Lehrwerk beinhaltet:

- fachsprachliche Dialoge,
- allgemeinsprachliche Dialoge,
- authentische fachsprachliche Texte (Zeitungsartikel, Schaubilder, Statistiken, Werbeanzeigen, Prospekte, Formulare, Visitenkarten, innerbetriebliche Mitteilungen),
- humoristische Texte, konkrete Poesie sowie literarische Texte.

Aufbau Die Lektionen sind jeweils in fünf Funktionsteile untergliedert:

A Einstieg in das Thema über authentische Texte aus der Berufspraxis (Visitenkarten, Werbeanzeigen usw.) mit anschließendem Arbeitsteil

B fachsprachliche Dialoge mit darauf aufbauenden Übungen

C weiterführende Sach- und Fachtexte mit Übungen

D allgemeinsprachliche Dialoge

E humoristische Texte, Übungen zu Aussprache und Intonation, Denksportaufgaben und Rätsel.

Aufbau und Zielsetzung des Lehrerhandbuchs

Das Lehrerhandbuch folgt in seiner Chronologie den Lektionen des Lehrwerks. Übernommen werden ebenfalls die Piktogramme, die als optisches Zeichen die Art der jeweiligen Übungen sofort signalisieren. Hierin zeigt sich das Bemühen, dem Lehrenden einen möglichst leichten und schnellen Zugang zu den jeweiligen Aufgaben der Lektionen zu bieten. In ca. 15 bis 30 Minuten sollte mit Hilfe des Lehrerhandbuchs die Vorbereitung auf eine Unterrichtsstunde möglich sein. Dafür finden sich unter der Überschrift **Methodisch-didaktische Hinweise** Kurzbeschreibungen der Übungen und Bearbeitungstipps. Diese vorgeschlagenen Bearbeitungstipps verhelfen dem Neueinsteiger in den Bereich „(Wirtschafts-)Deutsch als Fremdsprache" zum routinierten Umgang mit dem Lehrbuch ***Wirtschaftsdeutsch für Anfänger*** und geben Lehrenden, denen die Zeit für eine ausführliche Vorbereitung fehlt, einen schnellen Überblick über die angebotenen Lehrmittel.

Zusätzliche Übungsvorschläge, Hinweise auf zu erwartende Problemfelder und Anregungen zu ergänzenden Materialien oder Unterrichtsformen finden sich unter der Rubrik **Stolpersteine und Aktivitäten**.

Erklärungshilfen zu schwierigen Grammatikteilen sind noch zusätzlich in die Lektionen eingearbeitet worden. Sie befinden sich in gesonderten Kästen.

Zu Beginn jeder Lektion gibt es allgemeine Wirtschaftsinformationen zu dem jeweiligen Schwerpunktthema (Messe, Werbung usw.), die nur einen Einstieg und groben Überblick über den Bereich bieten.

Auch kulturellen Unterschieden und Eigenheiten wird Rechnung getragen. An geeigneten, über das Buch verteilten Stellen weisen Sonderkästen mit interkulturellen Informationen erklärend auf den vorsichtigen Umgang mit dieser Problematik hin und geben Lösungsvorschläge.

Die Lösungen der Übungen, die nicht im Lehrbuch abgedruckt sind, runden das Service-Angebot für den Kursleiter (KL) ab.

Einsatz von Medien und Hilfsmitteln im Unterricht

Der Einsatz technischer Medien ist im Sprachunterricht fast schon zu einer Selbstverständlichkeit geworden. Sein Vorteil liegt darin, dass der Unterricht abwechslungsreicher und damit interessanter und motivierender sowohl für den Kursleiter als auch für die Kursteilnehmer (KT) wird. Er ist aber keine Bedingung für effektiven Unterricht, d. h. wenn die Möglichkeiten des Medieneinsatzes eingeschränkt sind, kann der Unterricht auch nur mit den gedruckten Materialien durchgeführt werden. Der Einsatz von technischen Hilfsmittel stellt eine Bereicherung des Unterrichts dar und sollte nicht zu einem Medienspektakel werden. Im Vordergrund soll also ein sinnvoller und maßvoller Einsatz der Medien stehen, der zum einen den KL entlastet, aber auch unter Umständen eine Verbesserung der Lernbedingungen darstellt.

Tonkassetten. Das Lehrbuch ***Wirtschaftsdeutsch für Anfänger*** stützt sich konzeptionell ganz entscheidend auf den Einsatz von Tonkassetten zur Einübung der korrekten Aussprache. Ein besonderer Vorteil des Einsatzes der Kassetten liegt für die KT in der Gewöhnung an ganz unterschiedliche muttersprachliche Sprecher. Erfahrungen aus der Praxis zeigen, dass KT zwar ihren KL verstehen, sobald sie aber mit anderen Muttersprachlern kommunizieren, verstehen sie nur noch einen Bruchteil dessen, wozu sie sonst in der Lage sind. Von besonderer Bedeutung ist dieser Aspekt, wenn der Unterricht nicht im Zielsprachenland stattfindet.

Neben dem phonetischen Aspekt geben die Tonkassetten den KT durch realistische Gesprächssituationen einen Eindruck von Sprache und Land, wodurch die Lernmotivation gesteigert werden kann. Sprechtempo und -stil sind dem Anfängerniveau entsprechend normal und natürlich.

Zusatzmaterial. In diesem Lehrerhandbuch finden sich nur ganz vereinzelt konkrete Hinweise auf den möglichen Einsatz von Zusatzmaterialien, weil der Umgang mit dem Lehrwerk im Mittelpunkt der Ausführungen stehen soll. Dennoch ist jeder Einsatz von Kopien, Bildern, Fotos, Formularen, Zeitungen, Broschüren usw., die den schematischen Unterricht mit dem Buch durchbrechen, ratsam, weil er für eine aufgelockerte und abwechslungsreiche Lernsituation sorgt. Hier sind die Phantasie, Kreativität und der Mut jedes einzelnen KL gefragt.

Tageslichtprojektor und Folien. Wenn es die technischen Voraussetzungen möglich machen, ist der Einsatz von Folien eine bereichernde Abwechslung für den Unterricht. Die Vorteile der Präsentation von Folien sind vielfältig; hier sind nur einige genannt: 1. die Aufmerksamkeit der KT wird vom Buch weggelenkt und damit eine Hemmschwelle abgebaut (häufig „verstecken" sich KT mit geneigtem Kopf hinter ihren Büchern), 2. Unterrichtsmaterial kann in vom Lehrbuch abweichender Reihenfolge eingesetzt werden, 3. Grammatik kann entdeckend mit den KT erarbeitet und eingeführt werden, 4. kopierte Fotos auf einer Folie dienen der Vorentlastung eines neuen Themas und erlauben ein einführendes Gespräch zu einer neuen Lektion, 5. bei einem Brainstorming („Lautes Denken") braucht der KL der Gruppe, während sie Notizen aufschreibt, nicht den Rücken zuzukehren und 6. schriftliche Ergebnisse von Gruppenarbeiten können in der Auswertung von allen eingesehen werden. In ***Wirtschaftsdeutsch für Anfänger*** finden Sie eine Reihe von Fotos und Zeichnungen aber auch Übungen, die für den einen oder anderen Einsatz einer Folie geeignet sind. Darüber hinaus sind dem Einfallsreichtum des KL keine Grenzen gesetzt.

Wörterbuch. Die Muttersprache spielte im Fremdsprachenunterricht lange Zeit gar keine Rolle, da den meisten KL in ihrer Ausbildung vermittelt wurde, dass jegliche Kommunikation im Unterricht in der Zielsprache zu erfolgen habe. Wörterbucharbeit sollte im Fremdsprachenunterricht keinen allzu großen Raum einnehmen, aber der maßvolle Einsatz stellt eine sinnvolle Komponente dar. In ***Wirtschaftsdeutsch für Anfänger*** wird in der Regel bei der Erarbeitung des Vokabulars mit Hilfe eines Wörterbuches auf die Muttersprache zurückgegriffen. Aber auch zeitraubende Lexikerklärungen kann der KL gelegentlich durch Übersetzungen ersetzen. Für einige Sprachen findet der KL die muttersprachlichen Entsprechungen im Selbstlernerhandbuch. Der Einsatz des Wörterbuches sollte im Unterricht geübt werden und gleichzeitig können dabei seine Möglichkeiten und Grenzen deutlich gemacht werden. Wenn wir vom maßvollen Einsatz der Muttersprache reden, dann setzen wir voraus, dass der KL so viel wie möglich auf Deutsch erklärt, z. B. mit Mimik, Gestik, Umschreibungen oder Bildmaterial.

Arbeits- und Sozialformen

Sprache ist ein Kommunikationsmittel, das zur Verständigung zwischen zwei oder mehreren Menschen führen soll. Besonders mündliche Kommunikation bedingt deshalb unbefangenen, aber sicheren Umgang mit den jeweiligen Gesprächspartnern. Um die verschiedensten Gesprächssituationen möglichst vielseitig und abwechslungsreich einzuüben, werden in dem vorliegenden Lehrerhandbuch immer wieder Vorschläge für Unterrichtsaktivitäten in Einzel-, Partner- und Kleingruppenarbeit oder im Plenum gemacht. Wir sind uns sehr wohl darüber im Klaren, dass dies von den jeweiligen Gruppen abhängt (z. B. homogene [KT einer Sprachgruppe] oder heterogene [KT verschiedener Sprachgruppen] Gruppe, Alter, Bildungsgrad, kultureller Hintergrund usw.). Dennoch sollen die KL darauf aufmerksam gemacht werden, dass sie ihre KT mit Hilfe von für den deutschsprachigen Raum üblichen Lern- und Übungsformen (Rollenspiele und Simulationen) auf mögliche Lebenssituationen in dem für sie fremden Land vorbereiten. Hier zeigt sich auch die Ausrichtung des Lehrerhandbuchs auf ausländische Lehrende, denen Sprachvermittlung jenseits von Frontalunterricht und Schwerpunkt auf der schriftlichen Kommunikation gezeigt wird.

Argumente für Partner- bzw. Gruppenarbeit sind: 1. der Unterricht wird aufgelockert und die KT neu motiviert, 2. es entsteht ein „geschützter" Freiraum, der sich der direkten Kontrolle des KL entzieht, und durch die „familiäre" Gruppengröße entwickelt sich bei den KT mehr Spontaneität und Kreativität, 3. jedem KT kommt mehr Verantwortung in der Kleingruppe zu, weshalb jeder mehr persönliche Initiative zeigt, 4. KT korrigieren sich gegenseitig und alle bereiten gemeinsam die Präsentation der Ergebnisse im Plenum vor, 5. KT bauen Hemmungen ab, etwas falsch zu sagen und 6. KT haben mehr Erfolgserlebnisse.

Wir sind uns dessen bewusst, dass Partner- und Kleingruppenarbeit eine Frage der Gewöhnung und der Übung sind. Erwachsene, die selbst in der Schule nur den traditionellen Frontalunterricht erlebt haben, müssen langsam an diese Arbeitsformen herangeführt werden. Erwarten Sie also am Anfang in solchen Gruppen nicht zu viel. Haben Sie Geduld und beginnen Sie mit kleineren Übungen und Aufgaben. Was die Gruppengröße angeht, so sind 3-5 KT pro Gruppe empfehlenswert, soll z. B. ein Dialog entwickelt werden, ist natürlich Partnerarbeit mit 2 KT sinnvoll.

Gewichtung der Fertigkeiten in der Wirtschaftskommunikation

Wirtschaftsdeutsch für Anfänger legt seinen Schwerpunkt (wie schon unter 1.3.2. erwähnt) auf die Vermittlung der Fertigkeiten für die mündliche Kommunikation und das Hörverständnis. Diese Gewichtung folgt den Erkenntnissen von „Untersuchungen zur mündlichen Kommunikation im Wirtschaftsbereich"[3], wonach sich die folgende Rangliste der Fertigkeiten ergibt: 1. Hören, 2. Sprechen, 3. Lesen und 4. Schreiben.

---

[3] J. Bolten (1996): Marktchance Wirtschaftsdeutsch Mittelstufe 2, Lehrerhandbuch. Klett Edition Deutsch, Stuttgart, S. 10.

Für die Einübung der relevanten Fertigkeiten bietet das Buch zahlreiche Dialogbeispiele und Aufgabenformen. Neben den Phonetikübungen zum diskriminierenden und identifizierenden Hören gibt es auch zahlreiche Übungen zum globalen und selektiven **Hörverstehen**. Die Entwicklung der **Sprechfertigkeit** findet über das nachahmende Sprechen, aber auch über kleine Dialoge und Rollenspiele statt. Der Schwerpunkt beim **Leseverstehen** liegt wie beim Hörverstehen auf dem globalen und selektiven Lesen. Authentische fachsprachliche Texte, wie z. B. Zeitungsartikel, Prospekte usw., bieten dazu hinreichende Übungsmöglichkeiten. Das **Schreiben** findet in ***Wirtschaftsdeutsch für Anfänger*** kaum Anwendung, wenn es um das Verfassen von Texten geht, sondern wird in Kombination mit dem Hören oder dem Sprechen in Form des Notizenmachens geübt. Wirtschaftskorrespondenz wird nicht behandelt, da diese komplexere Strukturen verlangt und für viele Führungskräfte auch nicht von Bedeutung ist.

Daraus ergibt sich die Ausrichtung auf eine Zielgruppe (siehe Einleitung des Lehrwerks), die auf den direkten, persönlichen Kontakt mit Geschäftspartnern vorbereitet sein will. Der Ausbildung von Wirtschaftssekretär(inn)en kann das Lehrwerk als Einstieg dienen.

Ganz zu Anfang - die erste Unterrichtsstunde

„Aller Anfang ist schwer", aber wenn er gelingt, dann ist das die halbe Miete. Das gilt auch für die erste Unterrichtsstunde in einem Kurs, in der neuen Klasse. Der erste Eindruck entscheidet über die Lernmotivation der KT (aber auch die Lehrmotivation des KL) für den Rest des Kurses. Also, warum sollte man sich nicht einmal ein wenig vom doch recht traditionellen Unterricht mit dem Lehrbuch lösen und alles etwas freier gestalten (dies gilt übrigens nicht nur für die erste Unterrichtsstunde!).

Beginnen Sie den Unterricht mit der natürlichen Situation des Kennenlernens, denn über einen längeren Zeitraum hinweg bilden die Kursteilnehmer mit Ihnen eine Gemeinschaft, in der nicht nur Sprache gelernt, sondern auch kommuniziert wird. Was liegt da näher, als sich gegenseitig vorzustellen und kennen zu lernen. Von ganz besonderer Bedeutung ist, wenn Deutsch nicht im Zielsprachenland gelernt wird, dass die KT nicht nur den KL, sondern auch die anderen KT als Gesprächspartner(inne)n anerkennen, d. h. KT sollen miteinander kommunizieren. Für den Unterricht hat das zur Folge, dass sich der Redeanteil des KL reduziert und sich der Übungseffekt für die KT erhöht. Die Rolle des KL wird somit als ein Gesprächspartner unter mehreren, der nun mal der Experte in Sachen Sprache ist, neu definiert.

Im Vorfeld des Unterrichts wäre es überlegenswert, ob die Möglichkeit besteht, den Unterrichtsraum so zu gestalten, dass die Atmosphäre des traditionellen Klassenzimmers reduziert wird. Gerade bei Erwachsenen könnten andernfalls Erinnerungen an Erfahrungen geweckt werden, die der Lernmotivation nicht zuträglich sind. Ziel der ersten Unterrichtssequenz sollte sein, dass sich die KT gegenseitig vorstellen und begrüßen können. Zur Erreichung dieses Ziels könnte der Unterricht wie folgt gestaltet werden:

Wenn Sie den Unterrichtsraum betreten, begrüßen Sie die KT mit der der Tageszeit angemessenen Begrüßung (***Guten Morgen!, Guten Tag!*** oder ***Guten Abend!***). Gehen Sie evtl. auf die KT zu, geben Sie ihnen die Hand und wiederholen Sie die Begrüßung. Ermuntern Sie die KT mit Mimik und Gestik zurückzugrüßen. Wiederholen Sie diesen Vorgang, bis alle KT den Mut gefasst haben, Sie zu grüßen. Deuten Sie mit entsprechender Gestik auch an, dass sich die KT gegenseitig begrüßen.

Im nächsten Schritt stellen sich alle gegenseitig vor. Beginnen Sie, indem Sie Ihren eigenen Namen mit ***„Ich heiße ..."*** (Familienname) einführen und auf sich selbst zeigen. Wiederholen Sie diesen Satz mehrfach und wenden Sie sich dabei an verschiedene Personen. Schreiben Sie dann Ihren Namen an die Tafel, um die KT auch mit dem geschriebenen Namen vertraut zu machen. Bevor Sie nun einen KT bitten sich vorzustellen, wiederholen Sie noch einmal Ihre Vorstellung: ***„Ich heiße ... Wie heißen Sie?“***. Machen Sie mit Gestik deutlich, dass er/sie sich jetzt vorstellen soll. Wenn dem/der KT nicht klar sein sollte, was er/sie machen soll, dann helfen Sie, indem Sie mit dem Satz beginnen ***Ich ...*** usw. Nachdem Sie 1-3 KT (abhängig von der Kursgröße) nach dem Namen gefragt und ihn erfahren haben, fragen sich die KT nun gegenseitig ***„Wie heißen Sie? Ich heiße ...“***. Achten Sie auch in dieser Phase bereits auf die Aussprache und wiederholen Sie gelegentlich die Frage mit der Antwort. Falls Ihnen vor Unterrichtsbeginn die Namen der KT bereits bekannt sind, könnten Sie z. B. Namensschilder vorbereiten, die Sie an die KT verteilen, nachdem sie sich vorgestellt haben.

Der nun folgende Abschnitt des Unterrichts führt den Vor- und Nachnamen ein. Schreiben Sie Ihren eigenen vollen Namen an die Tafel und sagen Sie ***„Mein Name ist ...“*** (Vor- und Familienname). Wiederholen Sie den Satz, dabei zeigen Sie auf sich und sagen ***„mein“***, auf den Namen und sagen ***„Name“***. Fahren Sie fort, indem Sie einen KT fragen ***„Wie ist Ihr Name?“***. Wie im vorigen Unterrichtsabschnitt fragen Sie nur einige KT, anschließend fragen sich die KT gegenseitig. Helfen Sie den KT auch jetzt wieder bei der Beantwortung. Sie werden jedoch sehr schnell verstehen, was sie sagen sollen.

Wiederholen Sie den Satz ***„Ich heiße ...“*** (Familienname) und ergänzen Sie nun ***„Das ist mein Familienname.“***. Zeigen Sie dabei auf Ihren Familiennamen an der Tafel und wiederholen Sie den letzten Satz. Fragen Sie einen KT ***„Wie heißen Sie?“***. Nachdem er geantwortet hat, fragen Sie ***„Ist das Ihr Familienname?“***. KT mit Vorkenntnissen können sicherlich sofort mit ***„Ja“*** antworten, KT ohne Vorwissen sollten Sie helfen, indem Sie mit ***„Ja“*** antworten. Wiederholen Sie in einem solchen Fall die Frage und bitten den KT mit Gestik jetzt selber zu antworten. Nachdem Sie einige KT gefragt und diese geantwortet haben, führen Sie die Variation ***„Mein Familienname ist ...“*** ein. Mit dem gleichen Verfahren führen Sie nun Ihren Vornamen ein.

Als nächstes kombinieren Sie die bisher gelernten Strukturen. Gehen Sie zu einem KT und sagen Sie: ***„Guten Tag. Ich heiße ... Mein Familienname ist ... Wie heißen Sie?“***. Lassen Sie ihn/sie antworten. KT fragen sich nun gegenseitig. Diesen Abschnitt können Sie dadurch realistischer gestalten, dass Sie den KT vorbereitete „Visitenkarten" geben oder KT ihre eigenen Visitenkarten austauschen.

Nachdem sich alle KT mit Vor- und Familiennamen kennen, führen Sie die Struktur ***„Das ist Herr/Frau ...“*** ein und zeigen Sie auf die entsprechende Person. Wiederholen Sie diesen Vorgang mit einigen KT und bitten Sie dann einen KT, den Tischnachbarn vorzustellen. Alle KT sollten einen anderen KT vorstellen.

Ein Grundsatz sei abschließend noch erwähnt: Führen Sie am Anfang bitte nur die Anrede mit ***Sie*** ein, denn im deutschsprachigen Raum ist es üblich, dass sich Erwachsene siezen, wenn sie sich nicht kennen. Gerade im Wirtschaftsleben erwartet man die korrekte Form, und ein unbedachtes ***Du*** könnte zu Missverständnissen führen.

Lektion 1
Kontakt aufnehmen

Lektionsüberblick

Texte	Fachsprachliche Dialoge: Hotelzimmer(S. 12); An der Rezeption (S. 18); Lesetexte: Anmeldeformular (S. 10); Allgemeinsprachliche Dialoge: Im Clubhotel (S. 27); Sprachschule: In der Cafeteria (S. 28)
Lexik	deutsche Vor- und Familiennamen (S. 13/14); Ländernamen und Sprachen (S. 15/16); Berufe (S. 16/17); Zahlen bis 100 (S. 19/20); Telefonnummern (S. 19/20); Städtenamen (Deutschland, Österreich, Schweiz) (S. 20); Adressen (S. 20)
Sprechhandlungen	buchstabieren (S. 13/14/20); begrüßen (S. 14/23); sich vorstellen (S. 11/23); nachfragen (S. 23)
Grammatik	Konjugation Präsens (1): 1. und 3. Pers. Sg. sowie Höflichkeitsform von kommen (S. 15/21), wohnen, heißen, bleiben und sein (S. 21); Personalpronomen (ich, er, sie, Sie) (S. 15/17/21); Negation „nicht" (S. 24); Possessivpronomen (mein(e), Ihr(e)) (S. 24); Was?, Wer?, Wie?, Wo? Woher? (S. 25); Satzarten: Aussagesatz (S. 26), Sach- und Entscheidungsfragen (S. 25)
Phonetik	Alphabet (S. 13); Satzintonation (S. 29)

Die Bundesrepublik Deutschland ist eine föderale parlamentarische Demokratie, die seit der Wiedervereinigung (3.10.1990) aus 16 Bundesländern (bzw. aus 12 Bundesländern und 4 Stadtstaaten) besteht:

Bundesland	Hauptstadt	Bundesland	Hauptstadt
Baden-Württemberg	Stuttgart	Niedersachsen	Hannover
Bayern	München	Nordrhein-Westfalen	Düsseldorf
Berlin	Berlin	Rheinland-Pfalz	Mainz
Brandenburg	Potsdam	Saarland	Saarbrücken
Bremen	Bremen	Sachsen	Dresden
Hamburg	Hamburg	Sachsen-Anhalt	Magdeburg
Hessen	Wiesbaden	Schleswig-Holstein	Kiel
Mecklenburg-Vorpommern	Schwerin	Thüringen	Erfurt

Hier leben auf einer Fläche von 356 948 km^2 mehr als 80 Millionen Menschen. Damit ist Deutschland das bevölkerungsreichste Land der Europäischen Union. Jeweils fast 30 Mio. Deutsche sind evangelisch oder katholisch. Von den fast 6 Mio. ausländischen Mitbürgern sind die Türken mit annähernd 2 Mio. die größte Gruppe.

Das Staatsoberhaupt ist der Bundespräsident. Dieser repräsentiert den Staat im Ausland und ernennt Bundesminister und Bundeskanzler. Der Bundeskanzler ist der Regierungschef. Er wird von der stärksten Fraktion des Bundestages gestellt und von dessen Mehrheit gewählt. Er bestimmt die Richtlinien der Politik.

Über die Einhaltung der Verfassung, dem Grundgesetz der Bundesrepublik Deutschland von 1949, wacht das Bundesverfassungsgericht in Karlsruhe.

Für die deutsche Wirtschaft ist das Exportgeschäft besonders wichtig und so erwirtschaftet sie regelmäßig Handelsüberschüsse. Vor allem Autos, Maschinen und chemische Produkte deutscher Herstellung sind im Ausland gefragt.

Die Bundesrepublik Deutschland gehört zu den Gründungsmitgliedern der Europäischen Gemeinschaft. Außerdem ist sie seit der Wiederbewaffnung im Jahre 1956 in der NATO. Analog dazu war die Deutsche Demokratische Republik, kurz DDR, zur Zeit des Kalten Krieges Mitglied des Warschauer Paktes und des Comecon, des wirtschaftlichen Zusammenschlusses der osteuropäischen Staaten.

In ihrer Außenpolitik stehen alle Parteien der Bundesrepublik Deutschland weiterhin voll hinter der Westeinbindung. Durch ihre besondere geographische Lage und historische Verbindungen kommt ihr jedoch zunehmend die Rolle des Vermittlers zwischen Ost und West zu.
Deutsch wird aber nicht nur in Deutschland gesprochen: In Österreich (ca. 10 Mio. Einwohner) ist Deutsch ebenfalls Landessprache. In der Schweiz sprechen immerhin 65 Prozent der etwa acht Millionen Einwohner Deutsch und es ist neben Französisch, Italienisch und Rätoromanisch offizielle Landessprache. Allerdings handelt es sich dabei um das sogenannte Schwyzerdütsch, das eine alemannische, der elsässischen verwandte deutsche Mundart ist. Im Elsaß also, dem französischen Grenzgebiet zu Deutschland wird von Einheimischen immer noch ein dem Deutschen anverwandter Dialekt gesprochen. Ebenso in der belgischen Grenzregion Eupen-Malmedy. Auch in Südtirol, der nördlichsten Provinz Italiens, wird Deutsch gesprochen. Deutschsprachige Minderheiten gibt es außerdem in Ungarn, Rumänien und Teilen der ehemaligen Sowjetunion, wohin sie im letzten Jahrhundert auf der Suche nach Arbeit ausgewandert sind.

1 Arbeitsgrundlage ist ein authentisches, korrekt ausgefülltes Anmeldeformular für ein Hotel. Damit wird eine Situation geschaffen, die jedem Geschäftsreisenden oft begegnet. KL erklärt die Arbeitsanweisung durch Gesten, Zeichen und durch beispielhaftes Vormachen. KT unterstreichen alle Wörter, die sie verstehen. Gehen Sie zu einzelnen KT und helfen Sie ihnen. Ermutigen Sie KT, Wörter aus dem Kontext zu erschliessen. KL klärt danach mit der Gruppe möglichst viele Wörter.

Beachten Sie die Arbeitsanweisung, die nicht nach unbekannten Wörtern fragt, sondern nach denen, die KT bereits verstehen (positiver pädagogischer Ansatz!). KL versucht, KT möglichst viele deutsche Wörter zu entlocken, die sie schon kennen.

2 KL lässt in Partnerarbeit die Angaben aus dem Schüttelkasten in das Formular eintragen. Dabei sollten sich KT bei Unklarheiten an Ü1 orientieren. Während der Bearbeitung geht KL von einer Gruppe zur anderen, beobachtet und hilft KT, indem KL z. B. auf den entsprechenden Abschnitt in Ü1 hinweist, damit KT die Informationen übertragen können.

Lassen Sie eine Vokabelliste anfertigen und achten Sie auf die direkte Einführung des Artikels.

Anredeformen Herr/Frau/Fräulein: Das *Fräulein* stirbt zwar in der deutschen Sprache nicht aus, aber es wird im Berufsalltag für eine erwachsene junge Frau nicht mehr verwendet. Die ursprüngliche Bedeutung von *Fräulein*, d. h. eine unverheiratete Frau, wird heute oft als Diskriminierung verstanden. Aus diesem Grund wird auf den Gebrauch von *Fräulein* bei Frauen ab dem 18. Lebensjahr verzichtet. In der Regel ist die Anrede jüngerer Mädchen mit *Fräulein* unproblematisch. U. U. bestehen ältere, unverheiratete Damen darauf, mit *Fräulein* angeredet zu werden.
Übung: KL fragt KT nach den Entsprechungen für *Herr/Frau/Fräulein* in der Muttersprache, wie sie gebraucht werden und ob es in den letzten Jahren eine Veränderung gegeben hat (z. B. im Englischen mit der Einführung der Form *Ms* als neutrale Anrede, falls nicht sicher ist, ob die Frau ledig oder verheiratet ist).

3 KT ergänzen schriftlich ihre persönlichen Angaben. Dann lässt KL möglichst alle KT vorlesen, damit sie sich auch untereinander besser kennenlernen.

KL kopiert das Formular aus Ü2 und KT ergänzen ihre eigenen Angaben in das Formular.

4 KT hören mehrmals bei geschlossenem Buch die Beispieldialoge. KL kann Kopien mit den Fotos als Erklärungshilfe für die Kommunikationssituation nutzen. KL lässt beide Dialoge in Partnerarbeit üben: nachspielen, halblaut lesen. 2 KT lesen die Beispiele. Danach spielen KT die Szene.

Vorstellung: KT laufen im Raum herum. Wenn KL „Stopp" ruft, stellen sich 2 KT gegenseitig vor.

Begrüßungen: Die auf dem linken Foto auf S. 11 dargestellte Form der Begrüßung wird meist als typisch deutsch bezeichnet. In der Tat wird von Geschäftspartnern erwartet, dass sie sich besonders beim ersten Zusammentreffen zur Begrüßung die Hände schütteln und Visitenkarten austauschen. In einigen deutschen Büros gehört das Händeschütteln schon zu einem täglichen Ritual, d. h. der Arbeitstag wird mit „einer Runde Händeschütteln", begleitet vom obligatorischen „Guten Morgen" oder „Morgen", begonnen. Weitere Informationen dazu finden Sie in Kapitel 2.
Übung: KL fragt nach den Begrüßungsformen im Heimatland der KT und danach, welche Erfahrungen KT mit Deutschen bisher gemacht haben bzw. welche Vorstellung KT haben, wie sich Deutsche begrüßen.

1B

Hotelzimmer: Die telefonische Zimmerreservierung ist eine Situation mit hohem Realitätsbezug. KL spielt den Dialog 2x bei geschlossenem Buch vor. Dann bekommen KT Papierschnipsel mit den Rollen der Personen. In Partnerarbeit bringen sie diese in die richtige Reihenfolge, während sie den Dialog ein drittes bzw. viertes Mal hören. KL lässt die Ergebnisse von mehreren KT in verteilten Rollen lesen. Falls KT die im Buch vorgegebene Reihenfolge nicht gefunden haben, den Dialog ein weiteres Mal aus dem Buch vorlesen lassen.

KL weist ggf. auf schwierige Fälle und Besonderheiten des deutschen Alphabets, z. B. Umlaute (ö, ä , ü) usw. hin. Verabschiedung ***„Auf Wiederhören!"*** nur am Telefon!

KL bittet KT, bereits bekannte deutsche Namen zu nennen und sie zu buchstabieren. KT werden versuchen, die Namen der Buchstaben wie in der Muttersprache auszusprechen. KL korrigiert, führt das Alphabet aber erst in Ü5 ein.

5 KL spielt das Alphabet 1x vor, beim zweiten Hören stoppt KL nach jedem Buchstaben und bittet KT, die Buchstaben entweder gemeinsam (im Chor) oder einzeln nachzusprechen. KL nutzt eine Kopie mit dem Alphabet und fragt nach Buchstaben, auf die er willkürlich zeigt. Keine zu intensive Einübung, nur zur Vorbereitung für die folgende Gesprächssituation.

KL schreibt jeden Buchstaben auf 1 Karteikarte (auch Umlaute und ß!) und verteilt sie an mind. 2 Teams. Diese buchstabieren „ihre" Buchstaben und das zweite Team notiert sie an der Tafel. KL entscheidet, ob Buchstaben falsch gelesen bzw. gehört wurden.

6 Dialog 1x hören. KL und 1 KT lesen den Dialog in verteilten Rollen, sodass KT buchstabieren muss: KL schreibt den vom KT buchstabierten Namen an die Tafel. KT üben diese Situation zu zweit mit ihren eigenen Namen. KL lässt einige der Gesprächssituationen im Plenum wiederholen.

7 KL spielt die Dialoge bei geschlossenem Buch 1x vor, erst beim 2. Hören notieren KT die Namen. KL stoppt die Kassette nach jedem Dialog, um KT Zeit zum Schreiben zu lassen. KT tauschen ihre Notizen aus und korrigieren sie, während sie die Gespräche noch einmal hören. Endkontrolle im Plenum: KT lesen die Namen laut vor und KL/KT schreibt sie an die Tafel. ***Lösung**: Ikachaden, Elkalai, Kubezyk, Luangrath, Bava, Anouilh, Boyer, Sequeira, Moncilov, Leberquier*

Mehrere Teams spielen gegeneinander (Beratung möglich). Namen werden nacheinander vorgelesen und buchstabiert.

8 **Deutsche Familiennamen** werden eingeführt, damit KT ein Gefühl für deutsche Namen bekommen.
KL liest die Namen laut vor. KT lesen und buchstabieren die Namen der Reihe nach. Je nach Gruppe könnte man die Bedeutung einiger Namen klären: z. B. Vogel, Sommer, Jung, Schwarz, ...

KL bereitet für jeden KT eine Karte mit neuer Identität vor, die KT in Ü8-20 übernimmt: Name, Vorname, Land, Beruf usw.

Männliche und weibliche Vornamen: KL schreibt jeden Namen auf 1 Karteikarte (kopiert sie und schneidet sie auseinander). KT entscheiden in Kleingruppen oder in Partnerarbeit, ob die Namen männliche oder weibliche Vornamen sind. In der Auswertung stellen die Gruppen ihre Ergebnisse vor. KL bittet KT, die Liste der Namen zu ergänzen. KL fragt, ob es ähnliche Namen in der Muttersprache der KT gibt und wo es eventuell zu Missverständnissen führen kann, z. B. der weibliche Name *Andrea* ist im Italienischen ein männlicher Vorname.

In einigen Fällen kann ein Vorname durch eine andere Endung in einen männlichen oder weiblichen umgeformt werden. KL weist auf diese Fälle hin, z. B. Helga - Helge.

9 KL spielt die Beispieldialoge vor und lässt die Vor- mit den Familiennamen kombinieren und dann die Dialoge in kleinen Gruppen üben. KL animiert KT auch zu kleinen Veränderungen der Dialoge, indem sie das bisher Gelernte anwenden.

10 Schreibweise deutscher Familiennamen, d. h. verschiedene Schreibweisen für gleiche Aussprache. KL lässt die vorgegebenen Dialoge in Partner- oder Gruppenarbeit vervollständigen. Evtl. mit anderen Namen durchführen. Auswertung im Plenum. ***Lösung:** 1. Nein, mit e-i. 2. Nein, mit ß. 3. Nein, mit o-h. 4. Nein, mit z. 5. Nein, mit c-k. 6. Nein, mit v.*

KL schreibt die Namen auf Karteikarten, die er an KT verteilt. KL spielt den Beispieldialog vor und lässt KT die Dialoge ohne Buch spielen.

Einführung der Konjugation von **kommen:** KL fragt KT: ***„Kommen Sie aus ...?"***, wartet auf seine Antwort und schreibt Frage und Antwort an die Tafel. KL markiert die Formen von ***kommen***. Auf die gleiche Weise verfährt KL mit der Frage ***„Woher kommen Sie?"***, wobei jetzt das Fragewort und die Präposition markiert werden. Abschließend bittet KL 1 KT, die Formen in der Übersicht S. 15 laut vorzulesen.

Mit beiden Fragen kann auch die 3. Pers. Sg. eingeführt werden: KL fragt den Nachbarn eines KT.

Da es in Deutschland üblich ist, dass sich Personen siezen, die sich zum ersten Mal treffen oder die keine persönliche Beziehung zueinander haben, wird an dieser Stelle bewusst ***nicht*** die 2. Person Singular eingeführt. Darüber hinaus wird KT das Lernen der Verbformen dadurch erleichtert, dass sie sich zunächst nur auf wenige Formen konzentrieren müssen.

11 Einführung von **Ländernamen** (evtl. unter Verwendung einer Weltkarte). In einer homogenen Gruppe mit KT einer Sprachgruppe: KL fragt: ***„Wo machen Sie Urlaub?"*** oder bei Berufstätigen: ***„Wohin exportiert Ihre Firma?"***. KL notiert die Länder an der Tafel. In einer Gruppe mit verschiedenen Nationalitäten: KL fragt KT nach ihren Heimatländern. KL sollte Ländernamen aller Herkunftsländer der KT auf Deutsch kennen. KL spielt anschließend die Ländernamen vor, stoppt nach jedem Namen und lässt sie von KT nachsprechen. KL achtet auf die richtige Betonung.

KL verteilt an KT Weltkarte ohne Länderbezeichnungen. KT tragen die Ländernamen in die Karte ein.

12 KL bittet 1 KT, das Beispiel vorzulesen. KL weist KT darauf hin, dass in den Sätzen nicht die Städte-, sondern die Ländernamen verwendet werden sollen. In Partnerarbeit üben KT: ***„Woher kommt ...? Er/Herr oder Sie/Frau ... kommt aus ..."***. Ermutigen Sie KT, eventuell Varianten zu verwenden: ***„Kommt ... aus ... ?"***.

Lösung: *1. ... kommt aus Frankreich. 2. ... komme aus Brasilien. 3. ... kommt aus Russland. 4. ... kommt aus Argentinien. 5. ... komme aus China. 6. ... kommt aus Großbritannien. 7. ... kommt aus Spanien. 8. ... kommen aus Indien. 9. ... kommt aus Italien. 10. ... kommt aus Kanada.*

kommen aus Verb unbedingt zusammen mit der Präposition lernen lassen.

13 KL erarbeitet mit KT die Redemittel ohne Buch, indem er einige KT fragt: ***„Sprechen Sie Russisch?"*** und ihre Antwort abwartet. Falls alle KT oder keiner der KT diese Sprache sprechen, fragt KL nach anderen Sprachen. KL notiert die korrigierten Antworten an der Tafel. Hören der Redemittel von der Kassette als Kontrolle der gefundenen Ergebnisse.

14 KT hören die Sprachbezeichnungen und wiederholen sie. KL stoppt nach jeder Sprache und lässt mehrere KT nacheinander die Bezeichnungen nachsprechen. KL wiederholt nach jeder Äußerung eines KT korrigierend die Bezeichnung.

KT1 hört eine Sprache, fragt KT2 ***„Sprechen Sie...?"***, KT2 antwortet mit

AS: *Deutsch, Englisch, Chinesisch, Spanisch, Japanisch, Französisch, Russisch, Portugiesisch, Italienisch*

Redemitteln aus Ü13und fragt KT3.

15 In Partnerarbeit ordnen KT die Sprachen den entsprechenden Ländern zu. Bei der Auswertung bittet KL mehrere KT, ihre Ergebnisse vorzulesen und schreibt sie an die Tafel. KL streut frühere Dialogfragen ein (z. B. aus Ü10 usw.).
Lösung: *Deutsch - Deutschland, Österreich; Englisch - Großbritannien, Kanada, Australien (Indien); Chinesisch - China; Spanisch - Spanien, Argentinien; Japanisch - Japan; Französisch - Frankreich, Kanada; Russisch - Russland; Portugiesisch - Brasilien; Italienisch - Italien*

16 KL bittet 1 KT auf die Frage ***„Welche Sprachen sprechen Sie?"*** das Beispiel vorzulesen. Als Kettenübung durchführen, d. h. jeder KT, der die Frage beantwortet hat, fragt den nächsten KT. KL achtet darauf, dass KT nicht ihren Nachbarn, sondern einen der anderen KT fragen. Bei jüngeren KT könnte der fragende KT dem angesprochenen KT einen Ball o. ä. zuwerfen.

KL verteilt Karteikarten, auf denen Sprachen stehen. Karten bleiben solange verdeckt, bis KT2 von KT1 angesprochen wird und setzt dann die vorgegebenen Sprachen ein.

17 KT hören den Beispieldialog, der eine Vorstellung und die Frage nach Sprachkenntnissen beinhaltet. KT fragen sich gegenseitig, reihum. Sie sollten sich beim Namen nennen, evtl. den Namen nachfragen. KL sollte die Runde eröffnen.

18 Einführung von **Berufsbezeichnungen:** KL stellt zuerst die Berufe z. B. mit vorbereiteten Bildern vor. Männliche und weibliche Formen mit Hilfe der Symbole erklären. Hinweis auf verschiedene Artikel. KL spielt die beiden Dialoge vor und KT wiederholen sie gemeinsam in der Gruppe.

Symbole sind nicht in allen Kulturkreisen identisch. Deshalb ist es besser, mit Bildern zu arbeiten.

19 KT hören jetzt die Kassette weiter und ergänzen die passenden Formen. KL stoppt die Kassette nach jedem Satz, um KT genügend Zeit für die Antwort zu geben. KL erklärt danach die verschiedenen Berufe, z. B. mit Zeichnungen oder Bildern von den Berufen.
Lösung: *Sie ist Journalistin./Er ist Informatiker./Er ist Mechaniker./Sie ist Architektin./Er ist Techniker./Sie ist Sekretärin./Sie ist Assistentin./Er ist Direktor./Er ist Präsident.*

20 Einführung der Redemittel ***„Was sind Sie von Beruf?"*** - ***„Was machen Sie beruflich?"***: KL spielt Dialoge 2x vor und lässt sie anschließend mit verteilten Rollen lesen.

21 KT lesen die Beispiele mit verteilten Rollen im Plenum vor und fragen sich gegenseitig nach ihrem Beruf. KT sollten nicht ihren direkten Nachbarn, sondern einen anderen KT aus

KL sollte sich vor dem Unterricht über die Berufsbezeich-

dem Plenum fragen. KL schreibt die Berufsbezeichnungen an die Tafel. Falls KT die genaue Bezeichnung nicht kennen, lässt KL sie erklären, was sie machen, um gemeinsam mit der Gruppe den Beruf zu benennen.

nungen der KT informieren.

An der Hotelrezeption: Nach der telefonischen Anmeldung treffen KT im Hotel ein. KL bittet 2 KT, die Situation an der Hotelrezeption als Rollenspiel ohne Vorgabe von Redemitteln zu simulieren. Wenn KT keine Ideen für die Fortführung haben, kann die gesamte Gruppe mit einbezogen werden, um das Rollenspiel weiter zu spielen.
KL spielt den Dialog 2x vor und lässt ihn dann als Rollenspiel von verschiedenen Paaren lesen. KT schließen die Bücher und KL lässt einige KT die Situation frei spielen. KL sollte KT ermutigen, eigene Ideen einzubringen und bereits bekannte Redemittel aus den vorherigen Ü zu verwenden.

Zahlen: Während des vorigen Rollenspiels werden KT die Problematik der deutschen Zahlen bereits erkannt haben. Aus diesem Grund ist eine systematische Einführung wichtig. KL spielt die Zahlen von der Kassette 1x vor, beim 2. Hören stoppt KL nach jeder Zahl und lässt 1-2 KT die Zahlen nachsprechen.

22 KT hören die Zahlen 1x ohne mitzuschreiben, erst beim 2. Hören machen KT Notizen. Kontrolle im Plenum.
***AS:** 14, 11, 16, 24, 19, 28, 12, 30, 9, 70, 17*

KL lässt die Zimmernummern im Wettbewerb mitschreiben.

Zahlenbingo.

23 Zahlen von KT lesen lassen, KT korrigieren sich gegenseitig. Am Ende Zahlen noch einmal von der Kassette hören.

24 KT schreiben in Einzelarbeit die Zahlen. Eurocheques als Realitätsbezug. Auswertung im Plenum, z. B. 1 KT schreibt seine Lösung an die Tafel, Plenum korrigiert.
***Lösung:** **34:** vierunddreißig, **48:** achtundvierzig, **82:** zweiundachtzig, **65:** fünfundsechzig, **71:** einundsiebzig, **59:** neunundfünfzig, **92:** zweiundneunzig, **75:** fünfundsiebzig, **83:** dreiundachtzig, **33:** dreiunddreißig*

KL bereitet Kopien von Eurocheques in Originalformat vor, um Zahlen eintragen zu lassen.

25 KL spielt den Beispieldialog von der Kassette vor und fragt anschließend KT1 ***„Wie ist Ihre Telefonnummer, bitte?"***. KL schreibt die genannte Nummer zur Kontrolle unkorrigiert an die Tafel, um KT bei einer falschen Ziffer die Möglichkeit zu geben, sich zu korrigieren. Als Kettenübung fortfahren, d. h. KT1 stellt KT2 die Frage nach der Telefonnummer, KT2 fragt KT3 usw.

26 **Telefonnummern:** KT hören Dialoge 1x ohne mitzuschreiben; beim 2. Hören machen KT Notizen. KL stoppt nach jedem Dialog, um KT genug Zeit zum Schreiben zu geben. Bei schwächeren Gruppen ist ein 3. Hören der Telefonnummern ratsam. Kontrolle im Plenum: KT lesen ihre Ergebnisse vor und korrigieren sich gegenseitig. Evtl. KT bitten, die Telefonnummern an der Tafel mitzuschreiben.
Lösung: *1. 1 42 08 27; 2. 3 85 25 42; 3. 42 44 68; 4. 74 31 00; 5. 6 93 81 77; 6. 23 19 49; 7. 4 20 89; 8. 52 11 55; 9. 4 18 71 21; 10. 34 81 47; 11. 16 65 29*

Gebrauch der umgangssprachlichen Variante *zwo* für *zwei (2)*. KL sollte KT vor dem Hören darauf aufmerksam machen.

27 **Vorwahlnummern:** KT hören das Beispiel und KL klärt mit KT die Bedeutung des Wortes *Vorwahl/Vorwahlnummer*. Danach fragen sich KT reihum nach den verschiedenen Vorwahlen.

Da viele KT zwar die Zahlen korrekt produzieren können, jedoch die Rezeption Schwierigkeiten bereitet, bietet es sich an, die Dialoge als HV zu nutzen, d. h. KT hören bei geschlossenem Buch die Minidialoge erneut und notieren die Vorwahlnummern. Auswertung während des 2. Hörens im Plenum.

KL schreibt Städte auf Karten; KT fragen nach deren Vorwahlen.

28 **Adresse:** KL spielt das Beispiel vor und stellt KT die gleiche Frage. KT antwortet und fragt wiederum einen KT aus der Gruppe. Als Kettenübung fortführen.

KL verteilt im Plenum Werbeanzeigen, Prospekte usw. von deutschen Unternehmen zusammen mit einer Liste aller vertretenen Firmen. KT fragen sich gegenseitig nach den Adressen: ***„Wie ist die Adresse von ...?“*** und notieren sie; ggf. buchstabieren KT die Adressen.

29 KL kopiert die Adressen für jeden KT und schneidet sie auseinander. Während KT die Adressen (bei geschlossenem Buch!) hören, bringen sie diese in die richtige Reihenfolge. Kontrolle im Plenum, d. h. KT lesen die Adressen vor.

30 KL spielt den Beispieldialog vor, während KT ihn im Buch lesen. KL spielt die Adressen 1x vor, ohne dass KT Notizen machen, erst beim 2. Hören schreiben KT die Adressen. KL stoppt nach jeder Adresse. Kontrolle im Plenum: KT hören die Adressen noch einmal, KL stoppt nach jeder Adresse und KT schreibt sie an die Tafel oder KT liest sie vor und buchstabiert sie.

***Lösung:** Goethestraße 27; Bismarckallee 37; Lisztallee 11; Beethovenallee 37; Schubertplatz 3; Gropiusweg 44; Wagnerstraße 19; Lessingstraße 7; Dürerweg 22; Bachstraße 70; Kantstraße 16*

31 KL lässt KT einen „Steckbrief" von sich selbst erstellen. Anschließend stellen sich KT mit diesem Steckbrief vor. Bei fortgeschrittenen Lernern tauschen KT die Steckbriefe aus und stellen sich gegenseitig vor. KL führt dazu die Formen ***sein/ ihr Beruf ist ..., seine/ihre Adresse ist ..., seine/ihre Telefonnummer ist ...*** usw. ein.

Privatheit und Öffentlichkeit in Deutschland. Die starre Opposition zwischen Privatheit und Öffentlichkeit bei den Deutschen empfinden die meisten Ausländer als eine unüberwindliche Barriere: Es scheint unmöglich zu sein, sich den Deutschen zu nähern. Diese Distanzhaltung Fremden gegenüber wird auch in kleinen Handlungen deutlich, wie z. B. dass ein Deutscher einem Geschäftspartner, den er noch nicht so lange kennt, in der Regel nicht die Privatadresse oder -telefonnummer geben wird. Bei nur oberflächlichem oder geringem Kontakt wird meist die Bürotelefonnummer angegeben.
Die direkte Frage eines Fremden nach der Privatadresse und -telefonnummer wird als Eindringen in die Privatsphäre empfunden und sollte deshalb nur bei einem besonderen Grund gestellt werden.
Übung: KL gibt KT die folgenden 3 Situationen: (a) Ein Fremder fragt Sie nach Ihrer Privatadresse und -telefonnummer, (b) ein Geschäftspartner fragt Sie nach Ihrer Privatadresse und -telefonnummer, (c) ein Kollege fragt Sie nach Ihrer Privatadresse und -telefonnummer. Wann geben Sie die gewünschte Information? Im Gespräch über die eigenen Gewohnheiten soll ein Gespräch über die deutsche Haltung entstehen.

32 - 34 **Konjugation Präsens:** KL kopiert S. 21 und lässt sie in Einzelarbeit bearbeiten. KT tauschen die bearbeiteten Kopien aus und korrigieren sich gegenseitig. Danach gemeinsame Korrektur im Plenum.

Einführung von ***sein***: KL stellt sich erneut mit dem Satz ***„Ich bin ..."*** (Name) vor. Dann zeigt KL auf einen Mann und sagt ***„Er ist ..."***, zeigt danach auf eine Frau und sagt ***„Sie ist ..."***. Jetzt schreibt KL die verschiedenen Formen an die Tafel. KL fragt eine Frau ***„Sie sind Frau ...?"*** und einen Mann ***„Sie sind Herr ...?"*** und macht mit Hinweis auf die formelle Anrede den Unterschied zwischen ***sie ist ...*** und ***Sie sind ...*** deutlich.

35 Nach der Einführung der Konjugation des Verbs ***sein*** Einzelarbeit mit anschließender Auswertung im Plenum.

36 KL kopiert die Dialoge und schneidet die verschiedenen Redeanteile auseinander. KT hören die drei Dialoge mehrmals und bringen die Teile in Partnerarbeit in die richtige Reihenfolge. KL lässt die Dialoge im Plenum den Bildern zuordnen. KT lesen die Gespräche mit verteilten Rollen und KT führen die Situationen in kleinen Gruppen als Rollenspiele durch.
Lösung: *A - 3, B - 1, C - 2*

„Wie geht es Ihnen? Wie geht's?“ Die Frage nach dem Befinden ist eine Standardfrage, die immer mehr zu einer Floskel wird. Ebenso floskelhaft fällt die Antwort aus: **„Danke, gut. Und Ihnen?“** - **„Ganz gut. Und Ihnen?“** Der Fragende erwartet also keine ausführlichen Angaben zum Befinden. Ein Hinweis dafür, dass der Fragende doch am Befinden interessiert ist, findet der Angesprochene in der Partikel ***denn***.

(a) Δ Wie geht es Ihnen?
• Danke, gut. Und Ihnen?
Δ Mir geht es nicht gut. Ich habe große Probleme mit ...
• Ja, öhmm, eh ...

(b) Δ Guten Tag, Frau Kaiser. Lange nicht gesehen! Wie geht es Ihnen denn?
• Ja, eh ... danke, gut. Und Ihnen?
Δ Sehr gut, vielen Dank. Aber sagen Sie, Sie sind sehr blaß!
• Nein, es ist alles okay! Danke. Mir geht es gut.
Δ Nein, ich sehe doch, Sie sind krank.
• Nein, nein ...

Was passiert in den beiden Dialogen?

37 **jemanden begrüßen:** KL kopiert die Redemittel und die entsprechenden Uhrzeiten und bittet KT sie zuzuordnen. Danach spielt KL die Beispiele vor.

38 **sich vorstellen:** KL führt Redemittel mit der Kassette ein und KT üben sie in kleinen Rollenspielen in Partnerarbeit oder im Plenum, indem sie zu einigen KT gehen und sich vorstellen.

Wie sich Personen in Deutschland begrüßen, hängt von der Tageszeit und vom Ort/von der Region ab. ***Guten Tag!*** - manchmal sogar einfach nur ***Tag!*** ist während des Arbeitstages die Standardbegrüßung in ganz Deutschland. ***Guten Morgen!*** wird am frühen Morgen bis etwa 11.00 Uhr und ***Guten Abend!*** - wie der Gruß schon sagt - am Abend ab etwa 18.00 Uhr gebraucht. ***Grüß Gott!*** sagen die Leute in Süddeutschland und in Österreich zu jeder Tageszeit. Das mehr informelle ***Hallo!*** ist universal verwendbar.
Mit ***Auf Wiedersehen!*** - oft verkürzt als ***Wiederseh'n!*** verabschieden sich die Leute den ganzen Tag über. In Süddeutschland und Österreich wird eher ***Auf Wiederschauen!*** - verkürzt zu ***Wiederschau'n!*** - gebraucht. Das ursprünglich aus dem Norden stammende informelle ***Tschüs!*** ist zwar in den meisten Regionen akzeptiert, aber im Wirtschaftsalltag ist es sicherer beim ***Auf Wiedersehen!*** zu bleiben. ***Gute Nacht!*** sagt man nur zur Schlafenszeit, also nicht am späten Abend. Am Telefon verabschiedet man sich mit ***Auf Wiederhören!*** oder dem verkürzten ***Wiederhör'n!***

39 **nachfragen:** KL spricht KT mit einer schwer verständlichen Aussage an, z. B. ein schwieriger Name oder ein sehr schnell gesprochener Satz. KL wartet Reaktionen der KT ab und fragt

KT führen kleine Rollenspiele durch und verwenden die

solange, bis KT nachfragen. KL sammelt die genannten Redemittel an der Tafel. Danach führt KL die Redemittel mit der Kassette ein. KT ergänzen den Dialog schriftlich in Partnerarbeit und spielen anschließend vor der Gruppe.

neuen Redemittel.

Negation *nicht:* KL führt die Negation ***nicht*** ein, indem er Fragen stellt oder Aussagen macht, auf die KT mit ***nicht*** antworten bzw. reagieren müssen, z. B. KL begrüßt KT mit dem falschen Namen oder KL fragt: ***„Rauchen Sie?", „Wohnen Sie in ...?", „Kommen Sie aus ...?", „Sind Sie Geschäftsführer in der Firma ...?"*** usw. KL korrigiert die Antworten, sammelt sie an der Tafel und unterstreicht dabei ***nicht,*** um so auf die Position im Satz aufmerksam zu machen.

40 KT beantworten die Fragen in Einzelarbeit. Anschließende Kontrolle im Plenum: KT lesen die Fragen mit den Antworten vor. KT korrigieren sich gegenseitig.

KT erhält eine Karteikarte, auf der er eine Frage notiert. KL sammelt und verteilt sie in der Gruppe, KT1 liest seine Frage vor und bittet KT2 zu antworten.

41 **Possessivpronomen *mein/Ihr*** für alle drei Genera. KL führt Possessiva ein, indem er nacheinander verschiedene KT fragt: ***„Ist das Ihr ...?"*** und deutet auf den jeweiligen Gegenstand. KL wiederholt die Antwort und schreibt sie an die Tafel (Tafelbild vgl. Kasten im Buch). KL erklärt die Bedeutung und die Formen der Possessiva und lässt KT nach dem vorgegebenen Muster Fragen an das Plenum stellen. Danach ergänzen KT die Possessiva schriftlich in der Ü, Tischnachbarn tauschen ihre Ergebnisse aus. Auswertung im Plenum: KT lesen ihre Lösungen vor.

Sachfragen/Entscheidungsfragen: Ohne Buch alle Frageformen an der Tafel sammeln, die KT bisher kennengelernt haben und in 2 Kategorien aufteilen lassen. Evtl. bei stärkeren Gruppen bereits hier mit KT den Unterschied in der Wortstellung (Position des Verbs!) herausarbeiten.

KL spielt die Beispiele zu den **Sachfragen** vor und arbeitet mit KT die Besonderheit der Position des Verbs heraus.

42 Sätze in Einzelarbeit ergänzen lassen. Anschließende Auswertung im Plenum: KT lesen ihre Ergebnisse vor.

KT schließen die Bücher, KL verteilt authentische/fiktive Visitenkarten und lässt sich KT gegenseitig nach den Informationen auf den Karten fragen.

Entscheidungsfragen: KL spielt auch hier die Beispiele aus der Übersicht vor und arbeitet mit KT die Regeln der Wortstellung heraus.

43 KT formulieren Fragen aus den Satzteilen in Partnerarbeit mit anschließender Auswertung im Plenum.

Interview: KT erarbeiten in Partnerarbeit ein Interview mit einem Prominenten (z. B. ein Manager oder Minister) unter Verwendung aller Fragearten.

Aussagesätze: KT beantworten die Fragen aus Ü43 und KL schreibt sie an die Tafel. Regeln für die Stellung des Verbs im Satz erarbeiten. KL spielt die Beispiele von der Kassette vor, um Regel zu bestätigen.

44 KT bilden anschließend im Plenum Sätze und Fragen aus den Satzfragmenten. KT korrigieren sich gegenseitig.

1D

45 46 **Im Clubhotel/Sprachschule. In der Cafeteria:** KT hören die jeweiligen Dialoge zunächst 1-2 x ohne Buch und erarbeiten sich anschließend den Text im Buch. Beim gelenkten Transfer ersetzen KT einzelne Teile des Dialogs durch andere, die vorgegeben werden. KL ermutigt KT, auch eigene Ideen einzubringen.

1E

47 **Satzintonation:** KL spielt die Beispielsätze mehrmals vor und bittet KT einzeln diese Sätze nachzusprechen. KL sollte darauf achten, dass wirklich alle KT wenigstens 1-2 der Beispielsätze nachgesprochen haben. Anschließend Übungssätze 1x vorspielen, ohne dass KT aktiv sind, erst beim 2. Hören KT Gelegenheit geben, die Sätze zu wiederholen. KL stoppt nach jedem Satz, um KT Zeit zum Nachsprechen zu geben. Bei Gruppen mit mehr als 6 KT evtl. mehrere Durchgänge, damit alle die Möglichkeit zum Üben bekommen.

48 **Wörterrätsel:** Wiederholung der Lektionslexik.
Lösung: *1. Woher; 2. Wie; 3. bin; 4. dreizehn; 5. Wiedersehen; 6. Einzelzimmer; 7. beruflich; 8. -allee; 9. Morgen; 10. geht;* ***Stadt:*** *Heidelberg*

Rätsel als Hausaufgabe mit Hinweis, die Lektion zu wiederholen.

49 **Was passt nicht?** Wiederholung der Lektionslexik. Da Ü schwierig ist, hilft es KT, Sätze mit den Wörtern zu bilden. Dabei wird an den Fragen/Sätzen deutlich, was nicht passt.
Lösung: 1. *wohnen* (Verb unter Fragewörtern)
2. *Medizin* (Fachbezeichnung unter Berufsbezeichnungen)
3. *Japan* (Ländername unter Sprachbezeichnungen)
4. *Adresse* (Anschrift unter Wegstreckenbezeichnungen)

Wettbewerb: das Team, das am schnellsten das richtige Lösungswort findet, hat gewonnen.

Lektion 2
Messen

Lektionsüberblick

Texte	Fachsprachliche Dialoge: Gespräch im Messebüro (S. 36); Treffen im Messebüro (S. 43); Gespräch am Stand (S. 48); Terminvereinbarung (S. 51); Lesetexte: Messekalender (S. 32); Verkehrsverbindungen zum Messegelände (S. 57); Schaubild: Ausfuhr der BRD (S. 62); Allgemeinsprachliche Dialoge: Am Telefon (S. 64); Im Büro (S. 65); Einladung (S.66); Geburtstag (S. 67)
Lexik	Monatsnamen (S. 32/34); Ortsangaben (S. 38); Besucherhinweise (S. 47); Zahlen (S. 52-54); Preise und Währungen (S. 53/54); Rechenarten (S. 54); Uhrzeit (S. 54-56); Zeitpunkte und Intervalle (S. 56); Datum (S. 60)
Sprechhandlungen	bejahen (S. 41); zögern (S. 41); verneinen (S. 41); jemanden vorstellen (S. 44); sich entschuldigen (S. 61); sich bedanken (S. 61)
Grammatik	Wortbildung: zusammengesetzte Wörter (S. 34); Konjugation Präsens (2): 1. und 3. Pers. Sg. und Pl. sowie Höflichkeitsform: schwache Verben sowie sein, haben und können (S. 37); bestimmter und unbestimmter Artikel (Nom., Akk., Dat.) (S. 38-40); Aussage- u. Fragesätze mit Modalverben (S. 40/42); Wann? (S. 56); Präpositionen (in, an, von, seit, ab, bei, mit) (S. 45); Zusammenziehung von Präposition und Artikel im Dativ (S. 45); Personalpronomen (1. und 3. Pers. Sg. und Pl. sowie Höflichkeitsform: Nom., Akk., Dat.) (S. 46); Welch...? (S. 49); Pluralbildung der Substantive (S. 62/63)
Phonetik	kurze und lange Vokale (S. 68)

Messen in Deutschland

Eine Messe ist eine Veranstaltung mit Marktcharakter, die ein breites Angebot an Neuheiten aus dem jeweiligen speziellen Fachbereich bietet. Messen finden normalerweise in regelmäßigen Abständen statt, z. B. jährlich, alle zwei oder drei Jahre. Auf einer Messe kann nicht gekauft, wohl aber bestellt werden.
Es gibt verschiedene Messearten:
Die Messen können sich durch die Auswahl der Anbieter oder des Publikums unterscheiden:

I. a) Fachmessen: z. B. Leder, Schmuck - nur ein Fachbereich ist vertreten.
   b) Mehrbranchenmessen: z. B. Deutsche Industriemesse, Hannover-Messe - dort ist eine große Bandbreite an Anbietern anwesend.

II. a) Manche Messen sind nur für ein Fachpublikum.
   b) Andere Messen können von allen Interessenten besucht werden, bei allerdings hohen Eintrittsgeldern.
   c) Außerdem gibt es Messen, die zu Beginn dem Fachpublikum vorbehalten sind und dann einige Tage ihre Pforten für alle öffnen.

Deutschland besitzt einige wichtige Messe-Städte, in denen einige der größten und wichtigsten Ausstellungen/Messen der Welt ausgerichtet werden. Zu den wichtigsten Messeplätzen zählen Düsseldorf, Frankfurt, Hannover, München, Köln, Berlin und Leipzig. Einige der bedeutendsten Messen sind die Computermesse CeBIT und die sogenannte Hannover Messe Industrie in Hannover, die boot, igedo, interpack in Düsseldorf oder die Buchmesse und der Auto-Salon in Frankfurt.
Um die Bezeichnung „älteste Messe der Welt“ streiten sich die Messeplätze Frankfurt am Main und Leipzig. Die Leipzig Messe nennt sich dabei selbstbewusst die Mutter aller Messen. Im Jahr 1165 soll Leipzig das Stadt- und Marktrecht erhalten haben. Erste seriöse Belege für den Handel polnischer Kaufleute mit Rauchware (Pelze) in der sächsischen Stadt stammen aus dem 13. Jahrhundert.

Informationsmaterial rund um das Thema „Messen und Ausstellungen“, Jahresberichte, Anschriften aller Messegesellschaften, Tipps für Messebesucher und Aussteller usw. sind erhältlich bei: Ausstellungs- und Messeausschuss der Wirtschaft e.V. (AUMA), Lindenstraße 8, D-50674 Köln, Tel. 0221/20 90 70.

Zur Vorentlastung und Aktivierung des Vorwissens zum Thema *Messe* ein Gespräch über die Fotos auf S. 31 beginnen, z. B. über wichtige Messen im Land der KT oder in Deutschland besuchte Messen sprechen. Grafische Darstellung der genannten Lexik an der Tafel z. B. mit einem Igeldiagramm.

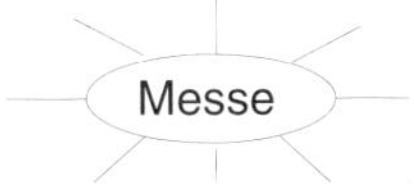

KL kopiert Fotos auf eine Folie, um die Aufmerksamkeit der KT auf die Fotos zu lenken. KT lösen sich vom Buch ➔ größere Bereitschaft zu diskutieren.

1 Messekalender in Partnerarbeit bearbeiten lassen: KT lesen den Kalender und suchen alle ihnen bekannten Wörter heraus. Falls 1 KT ein Wort bereits kennt und der andere nicht, dann KT bitten, sich die Lexik gegenseitig zu erklären.

2 KL spielt Messenamen und Messestandorte vor, stoppt nach jedem Namen die Kassette und einzelne KT sprechen sie nach. Bei größeren Gruppen mehrmaliger Durchgang möglich, da Hörverständnis und Aussprache geübt werden sollen.
AS: *HEIMTEXTIL, didacta, ispo, Igedo, CeBIT, interstoff, ANUGA; Frankfurt, Köln, Berlin, Düsseldorf, München, Hannover, Nürnberg, Essen*

3 KL erarbeitet mit KT die Piktogramme und Lexik (Nomen **und** Artikel). Nach der Vorbesprechung Zuordnen in Partnerarbeit oder in Kleingruppen.
Lösung: *c, f, g, m, k, d, q, o, a, i, p, c, l, q, k, n, e, h, b, c*

4 Auswertung von 3: KT hören die Namen der Messe und nennen den zugeordneten Buchstaben. Da auf der Kassette nur eine Auswahl der Messen zu finden ist, ggf. restliche Zuordnungen anschließend besprechen.

5 **Monatsnamen**: 1x alle Monate vorspielen, beim zweiten Vorspielen nach jedem Monat stoppen und jeweils 1 KT bitten, den gehörten Monatsnamen nachzusprechen.

6 KT hören und ergänzen die fehlenden Monatsnamen. In schwachen Gruppen die Monate mehr als 2x vorspielen. Bei der Auswertung notiert KL die ergänzten Monatsnamen an der Tafel.

7 KL spielt Beispiele vor und weist auf Unterschiede im Gebrauch von ***in*** + Monatsnamen und ***in*** + Städtenamen hin. Im Plenum die restlichen Fragen vorspielen. KT beantworten sie mit Hilfe des Messekalenders. Vor jedem Gong Kassette stoppen, um KT genug Zeit für die Antwort zu geben.

KL geht an dieser Stelle noch nicht auf Dativ bei den Fragen ***wann?*** und ***wo?*** ein.

AS: *Wo ist der Caravan-Salon? • In Essen./Wann ist die Frankfurter Buchmesse? • Im Oktober./Wo ist die Internationale Modemesse? • In Düsseldorf./Wann ist die Internationale Tourismus-Börse? • Im März./Wo ist die Internationale Tourismus- Börse? • In Berlin./Wo ist die Internationale Fachmesse für Sportartikel und Sportmode? • In München./Wann ist die Hannover-Messe-Industrie? • Im April./Wann ist die Internationale Handwerksmesse? • Im März./Wo ist die Internationale Grüne Woche? • In Berlin./Wo ist die Hotel- und Gaststätten-Ausstellung? • In Nürnberg*

KL zeigt am Messekalender, dass es im Deutschen viele Komposita gibt und dass es eine typische Art der Wortbildung ist. KL weist in der Übersicht auf die Regel der Wortbildung und der Artikelwahl hin. KT suchen die Komposita im Messekalender und zerlegen sie in ihre einzelnen Bestandteile. KL notiert die korrigierten Ergebnisse an der Tafel.

8 KT bilden in Partnerarbeit die Komposita. Bei fortgeschrittenen Gruppen evtl. weitere Möglichkeiten erfragen.
Lösungen: *1. die Telekommunikationstechnik; 2. die Handwerksmesse; 3. die Buchmesse; 4. die Bürotechnik; 5. die Funkausstellung; 6. der Sportartikel; 7. die Möbelmesse; 8. der Weltmarkt*

Wer findet die meisten sinnvollen Möglichkeiten?

2B

Gespräch im Messebüro: Dialog 2x bei geschlossenem Buch vorspielen, beim dritten Vorspielen lesen die KT leise mit, anschließend Dialog von KT in verteilten Rollen lesen lassen (mehrmals von verschiedenen Paaren). Lexik z. B. mit Hilfe der Zeichnung klären (nicht sofort übersetzen!).

KL bereitet Spielkarten mit Variationen des Dialogs vor (verschiedene Karten pro Gesprächspartner); KT spielen die Situation.

9 Einführung der **Konjugation Präsens**: KL erarbeitet das Verb ***suchen*** mit allen KT im Plenum und notiert alle Formen an der Tafel oder auf einer Folie. Formen der folgenden Verben in Partnerarbeit ergänzen lassen. KT können in den vorangegangenen Ü nach den Formen suchen.

10 KT suchen in Lektion 1 nach Verben, die wie ***suchen*** konjugiert werden.
Lösungen: *bleiben, wohnen, kommen, versuchen, schreiben, hören, sagen, studieren*

Ü könnte alternativ auch als Hausaufgabe gemacht werden.

11 ***jemanden begrüßen***: Wiederholung der Begrüßungsformeln und ihres Gebrauchs. KT schreiben in Einzelarbeit die entsprechenden Sätze, vorher Bedeutung der Gesichter erklären

(Sg. und Pl.). Auswertung im Plenum: KT lesen ihre Sätze vor. Möglichst viele Varianten von verschiedenen KT lesen lassen.

12 KT ergänzen die richtige Form von ***können*** möglichst ohne Übersicht auf LB S. 37. Schwächeren Gruppen Zeit lassen, Ü schriftlich zu machen, in stärkeren Gruppen kann Ü auch mündlich durchgeführt werden.

13 KL spielt Beispiel 2x von der Kassette vor. KL bittet 2 KT den Dialog mit verteilten Rollen zu lesen. Redemittel zu Ortsangaben aus der Übersicht mit KT erarbeiten. Anschließend die Szene mit Variationen in der Klasse spielen lassen.

KL bereitet eine Verbliste vor und präsentiert sie auf Folie oder an der Tafel; z. B. essen - Restaurant, faxen - Faxgerät usw.

Deklination des Artikels: KL weist im Dialog S. 36 auf Dialogteile mit Akkusativ hin. Unterschiedliche Form des Nomens mit verschiedener Funktion der Satzteile erklären. KL erarbeitet mit KT an der Tafel oder am Tageslichtprojektor die Formen des Akkusativs. Formen in der Übersicht S. 38 als Kontrolle der Ergebnisse besprechen: KL bittet KT die Fragen und die dazugehörigen Antworten vorzulesen. KL weist nach Frage-Antwort-Paar auf die Endungen hin, die den Akkusativ kennzeichnen.

KL zeigt an einem Beispiel die Austauschbarkeit der Satzteile auf, woraus sich die Funktion der Formen für Akkusativ und Nominativ und die Notwendigkeit der Formen erklären lassen.

14 KT üben die Formen schriftlich in Einzel- oder Partnerarbeit. Bei der Besprechung der Lösungen tauschen KT die Bücher/Notizen und korrigieren sich dabei gegenseitig. KL schreibt die Formen an die Tafel oder auf Folie.
Bei fortgeschrittenen Anfängern bietet sich diese Ü als Hausaufgabe an, evtl. die Beispiele und 1-2 Sätze/Fragen in der Klasse vorbesprechen oder komplette Ü mündlich in der Klasse und schriftlich als Hausaufgabe.

Tauschbörse: KL bereitet 2 Plakate vor und beschriftet je eins mit ***Suche*** und ***Biete***; KT schreiben kleine Notizen zu Dingen, die sie suchen oder anbieten mit kurzen, sehr einfachen Beschreibungen. KL bereitet je ein Beispiel vor und bespricht sie mit KT.

KL verweist KT auf LB S. 38 Ü12, schreibt den Satz ***„Wir bleiben nur bis Samstag“*** an die Tafel und fragt KT: ***„Was ist hier anders als in Satz 4 von Ü12?“***. KL bittet 1 KT, die Beispiele in der Übersicht S. 40 zu lesen und macht die Wortstellung bei Aussagesätzen mit ***können*** daran deutlich.

15 KL klärt mit KT die Bedeutung der Verben im Schüttelkasten. KL gibt KT einige Minuten, um Ü schriftlich in Einzelarbeit zu machen. KT lesen bei der Besprechung ihre Lösungen laut vor und korrigieren sich gegenseitig.
Lösungen: *1. wechseln; 2. treffen; 3. telefonieren; 4. sehen; 5. vorbeikommen*

Auf Distanzposition des konjugierten Verbs und des Infinitivs hinweisen!

Wortstellung der Verben bei Fragesätzen mit ***können***: KL spielt die Beispiele aus der Übersicht vor und weist auf die Positionen des Modalverbs hin.

16 KT bilden die Fragen mit vorgegebenen Satzteilen. KT machen Ü schriftlich in Partnerarbeit. Bei stärkeren Gruppen machen KT die Ü in der Klasse mündlich und schriftlich als Hausaufgabe.

KL bereitet Spielkarten mit Verben bzw. Nomen vor; KL verteilt sie und bittet KT im Plenum danach zu fragen. Situation: In der Messehalle.

Vor Einführung der Redemittel Kenntnisse der KT aktivieren: KL fragt mehrere KT nacheinander bei geschlossenem Buch: ***„Haben Sie eine(n) ...?“*** Fragen so wählen, dass positive und negative Antworten möglich sind. Reaktion der KT abwarten.
KL führt anschließend Redemittel mit der Kassette ein: 1x bei geschlossenem Buch vorspielen, und 1x lesen KT die Frage und die einzelnen Antworten. Lexik klären.

17 Ü in Partnerarbeit machen lassen. Bei der Besprechung der Antworten lesen die KT ihre Sätze vor. KL lässt verschiedene Varianten vorlesen.

In einigen Kulturkreisen gilt es als äußerst unhöflich, eine Frage direkt mit *Nein* zu beantworten. KL fragt KT: „Was sagt man in Ihrem Land?”, also: welche der vorgegebenen Antworten im Heimatland der KT möglich sind und welche nicht bzw. welche anderen Antworten denkbar sind. Unterschiede und Gemeinsamkeiten zwischen den Kulturen herausarbeiten.

18 Festigung der Fragen und Antworten mit „können” und der vorangegangenen Redemittel: KL bittet einen KT, das Beispiel laut vorzulesen. KT beantworten die Fragen schriftlich nach diesem Muster. KL fordert die KT auf, nicht immer die gleiche Antwort zu verwenden, sondern möglichst viel zu variieren. Auswertung im Plenum: KT lesen ihre Ergebnisse vor.

19 KL fragt KT nach den Signalen, an denen sie erkennen können, ob es sich um einen Aussagesatz oder eine Frage handelt (Frage: Fragewort oder Verb am Satzanfang). Nach der Vorbesprechung ergänzen KT die Satzzeichen in Einzelarbeit. Anschließende Auswertung der Ergebnisse im Plenum.

20 Wiederholung und Festigung der Redemittel aus Ü17 und Ü18: KL spielt das Beispiel von der Kassette vor und lässt anschließend 2 KT das Beispiel mit verteilten Rollen vorlesen. KT schließen das Buch und spielen die Szene.

KL bereitet Karten mit Bildern von Dingen vor, nach denen KT fragen sollen (als Wort- oder Bildkarten).

Treffen im Messebüro: Dialog 2-3x bei geschlossenem Buch vorspielen, dann die Situation klären: ***„Wer spricht?“***, ***„Wo sind die Personen?“***, ***„Woher kommen die Personen?“***, ***„Was machen sie beruflich?“***. Beim erneuten Hören des Dialogs stoppt KL nach jedem Sprechanteil einer Person und lässt KT diese Rolle aus der Erinnerung spielen. Lassen Sie KT kreativen Freiraum, sie müssen den Dialog nicht Wort für Wort reproduzieren. Dann den Dialog in verteilten Rollen lesen lassen (2-3x); Lexik z. B. mit Hilfe der Zeichnung erklären.

Jeweils 3 KT spielen die Situation mit ihrem eigenen Namen, Beruf usw. oder KL bereitet kleine „Visitenkarten” für das Rollenspiel vor.

Begrüßungsformen: Gerade im internationalen Wirtschaftsleben sind die Begrüßungsformen häufig ein Problem. Deshalb ist es wichtig, diesen Aspekt im Unterricht zu thematisieren, also darüber zu sprechen, was im eigenen Land und was im Zielsprachenland üblich ist. Dabei kommt es weniger darauf an, die Umgangsformen nachzumachen - hierbei besteht die Gefahr, dass man sich lächerlich macht, wenn man es nicht richtig macht. Es ist vielmehr von Bedeutung, die Unterschiede zu kennen und abzuwarten, was der Gesprächspartner macht oder wie er reagiert. Es führt sicherlich zu einem Lachen, wenn der Deutsche sich verneigt und der Japaner die Hand reichen möchte.
In Deutschland gehört das **Händeschütteln** zur bekanntesten Form der Begrüßung. Es ist eine formelle Begrüßung zwischen Personen, die sich zum ersten Mal begegnen, oder bei Personen, die in der Hierarchie auf verschiedenen Ebenen stehen. Mit zunehmendem Bekanntheitsgrad zwischen Personen weicht das Händeschütteln dem leichten Kopfnicken. Die frühere leichte Verbeugung des Mannes oder der Knicks des jungen Mädchens sind heute nicht mehr üblich. Heute wird die Begrüßung eher von einem leichten Nicken des Kopfes begleitet. In Geschäftssituationen ist es üblich, dem Geschäftspartner die Hand zu reichen und leicht zu schütteln. In diesem Fall sollte man allen Anwesenden die Hand reichen.
Übung: KL bittet KT das Bild auf S. 43 zu beschreiben und dabei darauf zu achten, was die Männer bei der Begrüßung machen. KL fragt danach, was KT in ihrem Land bei der Begrüßung sagen und machen, und welche Erfahrungen KT mit Deutschen gemacht haben (evtl. nach verschiedenen gesellschaftlichen Gruppen fragen, z. B. junge Leute, ältere Leute, Kollegen, Freunde, Geschäftspartner).

jemanden vorstellen: Vorkenntnisse der KT aktivieren: im vorangegangenen Dialog zum Redemittel ***„Darf ich bekannt machen: Herr/Frau ...“*** nach Alternativformulierungen suchen. Danach führt KL Redemittel mit der Kassette ein. Bei fortgeschritteneren KT nach weiteren Formulierungen suchen lassen.

21 KT ergänzen „Sprechblasen" in Partnerarbeit. Besprechung der Ergebnisse im Plenum: KL bittet KT ihre Vorstellung vorzulesen (2-3x).

Jeweils 3 KT spielen die Szene bei geschlossenem Buch mit ihren eigenen Namen usw.

Dativ des Artikels: KL verweist im Dialog S. 43 auf die Dativform im Satz ***„Sind Sie zum ersten Mal auf der Hannover Messe?"***. KT suchen im Dialog nach weiteren Beispielen mit unbekannten Formen des Artikels (Präposition + Artikel im Dativ). KL notiert die Formen der Nomen im Nominativ und Dativ auf der einen Hälfte der Tafel, auf der zweiten Hälfte die Präpositionen. Einführung aller Formen im **Dativ** und **Zusammenziehung von Präposition und Artikel im Dativ** mit den Übersichten S. 45.

Dativ: KL kopiert die Fragen und Antworten entweder auf Papier oder eine OHP-Folie, schneidet sie auseinander und bittet KT, den Fragen die Antworten zuzuordnen. Nach der Zuordnung spielt der KL die Lösung von der Kassette vor.

KL weist KT auf die Verwendung des Dativs hin bei den Fragen ***Wo?*** und ***Wann?*** und bei den **Präpositionen** (***von, seit, mit bei***).

22 KT ergänzen Artikel und/oder Präpositionen schriftlich und lesen anschließend ihre Lösungen im Plenum laut vor. KL schreibt die Lösungen an die Tafel.
Lösungen: *am, beim, im, am, vom*

KL verweist im Dialog S. 43 auf die Form des Personalpronomens im Satz ***„Freut mich sehr ..."***. KT suchen im Dialog nach weiteren Beispielen mit unbekannten Formen des Personalpronomens. KL notiert die Sätze, in denen die Formen vorkommen, an der Tafel und unterstreicht sie. KL führt nun die fehlenden Formen mit der Übersicht S. 46 ein.

KL arbeitet gemeinsam mit den KT heraus, dass die Formen auf eine Präposition folgen oder vom Verb abhängen.

23
24 KL macht jeweils die erste Aufgabe der Ü gemeinsam mit KT. Bei den restlichen Sätzen ergänzen KT die Pronomen. Auswertung im Plenum: KT lesen ihre Lösungen vor. KT tauschen ihre Bücher/Notizen aus und lesen die Ergebnisse vor. Bei fortgeschritteneren Lernern kann diese Ü im Plenum ohne vorherige Vorbereitung durchgeführt werden.

25 KT ordnen die Bezeichnungen den Piktogrammen zu. KL gibt dabei keine Erklärungen zum Schüttelkasten. Unbedingt KT darauf hinweisen, dass sie die Artikel dazu notieren, fehlende Artikel bei der gemeinsamen Auswertung ergänzen.
Lösungen: *1. das Informations-Zentrum, 2. der Taxistand, 3. der Messebahnhof, 4. der Messe-Heliport, 5. die Stadtbahn, 6. der Parkplatz, 7. der Parkplatz (Bus), 8. der Parkplatz*

KL kopiert die Piktogramme und die Bezeichnungen auf einzelne Karteikarten. KT mit den Karten mit den Bezeichnungen fragen das

(LKW), 9. die Zentral-Garderobe, 10. das Restaurant, 11. das Postamt, 12. der Zoll/der Güterbahnhof, 13. die Bank, 14. der EC(Eurocheque)-Geldautomat, 15. das Polizeirevier, 16. die Erste Hilfe/der Arzt, 17. das Presse-Zentrum, 18. das Radio/ TV-Zentrum, 19. der Eingang

Plenum: ***„Wo ist ...?“***. KT mit dem entsprechenden Piktogramm antwortet: ***„... ist hier.“***

Dialog vorentlasten: KL stellt die Situation her und führt die wichtigsten Wörter ein. KT bereiten in Partnerarbeit ein Rollenspiel mit einem möglichen Gespräch am Stand (z. B. aus eigener Messeerfahrung) vor und spielen es im Plenum vor.

Gespräch am Stand: Dialog 2-3x bei geschlossenem Buch vorspielen, KL stellt Fragen nach dem Inhalt: ***„Wer spricht?“***, ***„Worum geht es?“***, ***„Wie endet dieses Gespräch?“***. Anschließend Dialog von KT mit verteilten Rollen lesen lassen (2-3x). Lexik z. B. mit Hilfe der Zeichnung erklären.

26 KT bearbeiten die Fragen in Partnerarbeit. Auswertung im Plenum, d. h. KT lesen ihre Ergebnisse vor.
Lösung: *1.e, 2.f, 3.a, 4.g, 5.b, 6.d, 7.c*

Welch...? Im Dialog S. 48 auf Frage ***„Für welches Anwendungsgebiet brauchen Sie das Material denn?“*** hinweisen. KL nimmt 2-3 gleiche Gegenstände und fragt KT, welcher Gegenstand ihm/ihr gehöre, um die Bedeutung des Fragewortes zu verdeutlichen. KL wiederholt diesen Vorgang mehrmals und führt dann die Formen mit der Übersicht ein.

27 KT ergänzen in Partnerarbeit die Endungen. Auswertung im Plenum: die KT lesen ihre Ergebnisse vor. Bei fortgeschrittenen KT sollte die Ü direkt im Plenum ohne Vorbereitung durchgeführt werden.

28
29 KL spielt Beispieldialog 1-2x ohne Buch vor. KT lesen Minidialog 1x, hören und beantworten die folgenden Fragen. KL stoppt nach jeder Frage die Kassette, um KT genug Zeit zum Beantworten zu lassen.
AS 28: • *Ja, ich interessiere mich für Sportartikel.* Δ *Möchten Sie Informationen über Computer?* • *Ja, ich interessiere mich für Computer.* Δ *Möchten Sie Informationen über Taschenrechner?* • *Ja, ich interessiere mich für Taschenrechner.* Δ *Möchten Sie Informationen über Disketten?* • *Ja, ich interessiere mich für Disketten.* Δ *Möchten Sie Informationen über Möbel?* • *Ja, ich interessiere mich für Möbel.* Δ *Möchten Sie Informationen über Geldautomaten?* • *Ja, ich interessiere mich für Geldautomaten.* Δ *Möchten Sie Informationen über Italien?* • *Ja, ich interessiere mich für Italien.* Δ *Möchten Sie Informationen über internationale Messen?* • *Ja, ich interessiere mich für internationale Messen.* Δ *Möchten Sie Informationen über*

KL bereitet Karteikarten mit Angaben zu Ausstellungen oder sonstigen Aktivitäten (z. B. Fußballspiel) und den jeweiligen Veranstaltungsorten vor. KT formulieren Fragen bzw. Sätze wie in Ü28/29 und ein anderer KT antwortet je nach seinen Interessen wie in den Ü.

neue Techniken? • *Ja, ich interessiere mich für neue Techniken.*
AS 29: • *Sportartikel interessieren mich nicht.* ∆ *In Hannover ist eine Messe für Bürotechnik.* • *Bürotechnik interessiert mich nicht.* ∆ *In London ist eine Robotermesse.* • *Roboter interessieren mich nicht.* ∆ *In New York ist eine Dürer-Ausstellung.* • *Dürer interessiert mich nicht.* ∆ *In Wien ist eine Expressionisten-Ausstellung* • *Expressionisten interessieren mich nicht.*

30 KT spielen Kundengespräche am Messestand. Jeder KT bereitet sich für die Rolle des Messebesuchers einen „Spickzettel" vor, d. h. er notiert sich Informationen zu den Punkten, die im Buch vorgegeben sind und darüber hinausgehende.

KL bereitet Rollenkarten für Messebesucher vor (in Anzahl der KT!).

Vorentlastung des Dialogs: KL geht zu 1 KT und fragt: ***„Haben Sie morgen Zeit?"***, ***„Kann ich mit Ihnen sprechen?"***, ***„Wann haben Sie Zeit?"***. KL wartet auf die Reaktion des KT und entwickelt daraus ein kurzes Gespräch wie im folgenden Dialog. Evtl. weitere KT die Situation spielen lassen.

Terminvereinbarung: KL erinnert an Situation am Ende des Dialogs S. 48 und weist darauf hin, dass jetzt die Fortsetzung folgt. Dialog 2-3x bei geschlossenem Buch vorspielen, anschließend Dialog von KT mit verteilten Rollen lesen lassen (2-3x). Lexik - wenn möglich aus dem Kontext - klären.

31 Vorwissen der KT aktivieren: KL stellt Fragen, auf die KT mit Zahlen antworten müssen, z. B. ***„Wie ist Ihre Telefonnummer/Hausnummer?"***, ***„Seit wann sind Sie in Deutschland?"***, ***„Seit wann lernen Sie Deutsch?"*** usw.

Einführung der **Zahlen:** 1x mit geschlossenem Buch anhören, erst beim 2. oder 3. Hören schreiben KT die Zahlen ins Buch. Auswertung: KL bittet verschiedene KT, die Zahlen vorzulesen und die Zahlwörter zur Kontrolle der Schreibweise zu buchstabieren. KL schreibt die Zahlwörter an die Tafel.

32 KL spielt die Standnummern von der Kassette vor, KT lesen gleichzeitig im Buch mit. KL fragt 1 KT: ***„Wie ist die Standnummer von der Deutschen Aerospace?"*** und bittet ihn zu antworten. KT führen die Ü als Kettenübung fort.

33 **Wie heißt die nächste Zahl?** KT benennen die Zahlen in Kleingruppen oder im Plenum. Bei Kleingruppenarbeit sollte zur Kontrolle noch eine Auswertung im Plenum stattfinden, d. h. KT lesen ihre Ergebnisse vor.

Gruppen bilden, die Zahlen als Wörter notieren, gegnerische Teams korrigieren im Plenum die Lösungen.

34 KL spielt die Zahlen von der Kassette vor, KT schreiben sie beim 1. Hören noch nicht mit, erst beim 2. Hören sollte KL die KT auffordern zu schreiben. Auswertung im Plenum: KT lesen Ergebnisse laut vor, Gegenseitige Korrektur.
AS: *1. 9,90 DM; 2. 14,30 DM; 3. 157,00 DM; 4. 89,00 DM; 5. 765,00 DM; 6. 82,70 DM; 7. 112,25 DM; 8. 416,75 DM; 9. 834,20 DM; 10. 243,50 DM; 11. 999,00 DM*

Achtung: ***zwo*** = umgangssprachliche Variante von ***zwei***, um Verwechslungen mit der Zahl ***drei*** zu vermeiden.

35 KT hören und lesen das Beispiel und fragen sich gegenseitig nach dem Preis von Gegenständen. KL könnte einige Gegenstände mit in den Unterricht bringen oder Bildkarten (mit Preisangaben auf der Rückseite) vorbereiten.

KL verteilt an einige KT Kopien von Schecks, andere erhalten eine Preisliste, KT spielen die Szene.

36 Diese Ü bietet sich zum interkulturellen Lernen an. Über die Frage nach dem Namen der Währung, könnte KL KT bitten, mehr Informationen über das Geld des eigenen Landes zu geben, z. B. Namen evtl. alter Währungen, Geschichte des Geldes, Kaufkraft der Währung usw.

KL verteilt im Plenum Karteikarten, auf denen KT den Namen ihrer Währung und auf der 2. Karte den Namen ihres Landes notieren; KL sammelt alle ein und KT ordnen die Währungen den Ländern zu.

Die Deutsche Mark, kurz D-Mark, ist seit der Währungsreform im Jahr 1949 das offizielle Zahlungsmittel in der Bundesrepublik Deutschland. Nach der Wiedervereinigung wurde sie im Juli 1990 auch in der ehemaligen Deutschen Demokratischen Republik (DDR) übernommen.
Nach dem Zweiten Weltkrieg ist die DM durch den rasanten Wiederaufbau Westdeutschlands in den Jahren des Wirtschaftswunders zum Symbol für Wohlstand und wirtschaftliche Stärke geworden. Sie gehört zu den stabilsten Währungen der Welt und dient seit langem als Leitwährung innerhalb der Europäischen Gemeinschaft bzw. der Europäischen Union.

37 KL bringt zur Vorbereitung dieser Ü den Devisenüberblick aus dem Wirtschaftsteil einer Tageszeitung mit, damit KT den Kurs der Währungen in Kleingruppen notieren können.

38 KT rechnen die Beträge in ihre Währung um. Bei der Auswertung im Plenum bittet KL KT, ihre Umrechnungen vorzulesen. Fortgeschrittene KT könnten auch kurz kommentieren, ob der Preis im eigenen Land teurer wäre oder nicht. KL initiiert eine kleine Diskussion über Preise, Kaufkraft usw. zwischen KT.

39 KL spielt den Beispieldialog von der Kassette vor und bittet dann 2 KT, den Dialog mit verteilten Rollen zu lesen. KT spielen die Szene in kleinen Rollenspielen.

KL bereitet Bilder mit Preisen vor oder KT verwenden Preisliste aus Ü35.

Einführung der **Rechenarten**: KL fragt, wie KT die Umrechnung von einer Währung in die andere durchführen. Ein KT zeigt es exemplarisch an der Tafel, wobei alle KT um Hilfe gebeten werden. Da hier i.d.R. nur die Multiplikation und Division benötigt werden, führt KL die übrigen Rechenarten mit dem Kasten auf S. 54 ein.

40 **Rechnen Sie:** KL spielt die Rechenaufgaben von der Kassette vor und stoppt nach jeder Aufgabe, um KT Zeit für die Berechnung zu geben. Ggf. Ergebnis an die Tafel schreiben und Zahl von KT lesen lassen.

Ü soll keine Überprüfung der „Rechenkünste" sein!

Vorentlastung: KL fragt KT nach der aktuellen Uhrzeit ***„Wie spät ist es?"*** und wartet auf seine Antwort. KL kopiert die Übersicht S. 54, schneidet sie auseinander und lässt sie in Partnerarbeit von KT wieder zusammenstellen. Auswertung im Plenum: KT lesen ihre Ergebnisse laut vor.

Zur Unterstützung des Unterrichts z. B. eine Uhr oder einen Uhrersatz mitbringen.

41 KT notieren in Partnerarbeit die Uhrzeiten. Auswertung im Plenum: KT lesen ihre Ergebnisse laut vor und KL bittet KT, sich gegenseitig zu korrigieren.

Zeitpunkte und Zeitintervalle: Einführung der Präpositionen. KL stellt z. B. die folgenden Fragen: ***„Wann beginnt der Unterricht?"***, ***„Um wie viel Uhr fliegen Sie nach ...?"***, ***„Bis wann arbeiten Sie?"***, ***„Ab wann haben Sie Mittagspause?"***, ***„Von wann bis wann haben Sie Urlaub?"***. KL schreibt die Antworten der KT an die Tafel und unterstreicht die Präpositionen. Zur Verdeutlichung der Bedeutung der Präpositionen zeichnet KL die grafische Darstellung von S. 56 an die Tafel neben die entsprechenden Sätze.

42 KT ergänzen die Präpositionen in Einzelarbeit und lesen in der Auswertung ihre Ergebnisse vor.
KL bittet KT, sich gegenseitig nach weiteren Öffnungszeiten, Anfangszeiten usw. zu fragen und die Fragen zu beantworten.

KL verteilt in Form einer Bildsequenz oder eines Kalenders die Darstellung eines Tagesablaufs, KT beschreiben diesen mit den Zeitangaben.

2C

43 Vorentlastung: KL fragt nach Transfermöglichkeiten von Flughäfen, Bahnhöfen usw. zu wichtigen Plätzen im Ort.
KL stellt Situation der Ü dar. Informationsblatt im Plenum laut lesen. Redemittel im Kasten erarbeiten und in kleinen Rollenspielen Szenen spielen.

KL bereitet Rollenspielkarten mit der Information vor: ***„Sie müssen um ... Uhr am Flughafen sein; jetzt ist es ... Uhr."***.

Zeitangaben 1: KL führt die Wochentage mit der Frage ***„Was machen Sie am Montag?“*** ein. KT stellen sich gegenseitig diese Fragen mit einem anderen Wochentag. KT werden versuchen, die Wochentage zu erraten. Falls Bezeichnungen nicht bekannt sind, Bezeichnungen vorgeben. Alle neuen Bezeichnungen an die Tafel schreiben. KL führt nach der gleichen Vorgehensweise die Zeitangaben ***Morgen, Vormittag, ...*** und ***heute, gestern, ...***(vgl. Übersicht S. 58) ein.

44 KL spielt die Beispielszene von der Kassette ohne Buch vor und bittet anschließend 2 KT die Szene mit verteilten Rollen zu lesen. KL verteilt die Wochenübersicht und jeder KT trägt für sich Termine der aktuellen oder einer fiktiven Woche ein. KT vereinbaren in Rollenspielen unter Verwendung der Redemittel einen Termin.

KL bereitet für das Rollenspiel eine Wochenübersicht aus einem Kalender vor.

Zeitangaben 2: KL führt die neue Lexik mit Fragen wie zu Ü44 ein: ***„Was machen Sie am Montag?“***. KL wartet Antwort der KT ab und fragt nach: ***„Wann am Montag machen Sie ..., Montagfrüh, Montagmorgen, ...?“***. KT fragen sich gegenseitig nach den Aktivitäten zu einer bestimmten Tageszeit, die sie der Übersicht S. 58 entnehmen.

45 KT ergänzen in Partnerarbeit die Angaben. Auswertung im Plenum: KT lesen ihre Ergebnisse laut vor. KT und KL korrigieren sie gemeinsam.

Lösungen: *1. heute Vormittag, 2. gestern Abend, 3. heute Nachmittag, 4. übermorgen Mittag, 5. morgen früh, 6. vorgestern Nachmittag, 7. morgen Abend, 8. gestern Mittag*

46 KT liest das Beispiel der Ü im Plenum laut vor, KL erklärt daran die Aufgabe, Sätze mit exakten Zeitangaben und solche mit der neuen Lexik zu formulieren. KT lesen die Wochenübersicht in Partnerarbeit und formulieren Sätze darüber, was Herr Speier alles macht.

Erarbeitung kultureller Unterschiede, wie ein „typischer” Arbeitstag aussieht. KT erstellen einen eigenen Wochenplan, der typisch für einen Arbeitstag in ihrem Land ist. Jeweils in Partnerarbeit versuchen die KT, einen Termin zu vereinbaren. Sie sollen dabei beachten, welche Unterschiede und Gemeinsamkeiten im Tages- bzw. Wochenablauf existieren.

Das Datum: Einführung der Ordinalzahlen. KL fragt: ***„Welcher Tag ist heute?“***, ***„Und welches Datum haben wir heute?“***. KT versuchen, das Datum mit Kardinalzahlen auszudrücken. KL erarbeitet mit KT die Regeln zur Bildung der Ordinalzahlen aus Beispielen. Übersicht zur Kontrolle einsetzen.

47 KT ergänzen in Partnerarbeit die fehlenden Artikel, Präpositionen und Zahlwörter. Bei der Auswertung im Plenum lesen mehrere KT ihre Ergebnisse vor. KL bittet KT, sich gegenseitig zu korrigieren.

KT schreiben auf Karteikarten ein Datum, das in ihrem Land eine Bedeutung hat (Feiertag, usw.); die eingesammelten, gemischten Karten werden wieder an KT verteilt, KT fragen sich gegenseitig: ***„Was ist am ...?“***.

48 Jeweils zwei KT spielen die Szene und vereinbaren einen Termin mit dem Terminkalender in Ü46. Die Szenen sollten nicht vorbereitet, sondern spontan gespielt werden. Nur KT, der die Rolle der Sekretärin übernimmt, hat das Buch geöffnet, der 2. KT kann z. B. seinen eigenen Kalender nehmen.

KL führt spielerisch und ohne Buch die Sprechhandlung ***sich entschuldigen*** ein, d. h. er entschuldigt sich für eine Handlung und wartet auf die Reaktion des jeweiligen KT. Variationen von der Kassette vorspielen. KL sammelt gemeinsam mit KT weitere Möglichkeiten für Entschuldigungen.

KL bereitet Terminkalender vor, um KT Variationsmöglichkeiten für das Rollenspiel zu geben.

49 KL spielt den Beispieldialog von der Kassette vor und 2 KT lesen die Szene anschließend mit verteilten Rollen. Szene in der Gruppe spielen lassen, d. h. KL bittet mehrere KT nacheinander, zu einem anderen KT zu gehen und ihn/sie mit falschem Namen anzusprechen.
In einem komplexeren Rollenspiel kann die Sprechhandlung ***sich bedanken*** eingebaut werden, z. B. nach der Uhrzeit fragen, jemanden um einen Gefallen bitten usw. Zur Einführung der Redemittel spielt KL die Variationen von der Kassette vor.

KT bereitet Spielkarten vor, die Informationen darüber enthalten, warum KT sich entschuldigt.

50 KL fragt im Plenum nach den bereits bekannten Unternehmen und was sie produzieren. Über die Aktivierung der Vorkenntnisse der KT kann eine erste Zuordnung vorgenommen werden. Bei den unbekannten Unternehmen gibt KL einige Produkte vor und KT ordnen sie zu. Zur Beschreibung der Grafik wichtige Redemittel vorgeben, z. B. ***„Bei der Ausfuhr Deutschlands stehen/steht ... mit ... Mrd. DM an der ersten, zweiten usw. Stelle.“***.
Lösungen: *Straßenfahrzeuge: Daimler-Benz, VW, BMW, MAN; Maschinen: Mannesmann, MAN, Klöckner-Humboldt-Deutz, Krupp, Thyssen; Chemische Erzeugnisse: BASF, Hoechst, Bayer; Elektrotechnik: Siemens, Bosch, Grundig; Nahrungs- und Genussmittel: Oetker; Eisen und Stahl: Thyssen, Krupp, Hoesch, Mannesmann; Textilien: Adidas, Boss*

Um KT das Zuordnen zu erleichtern, zeigt KL Werbeanzeigen oder Produktbroschüren der Unternehmen im Unterricht.

51 Ohne weitere Informationen versuchen KT, die Pluralformen der Nomen zu bestimmen. Schnell werden sie feststellen, dass sie nach Gruppen geordnet sind. Spätestens ab jetzt schreibt KL alle Nomen mit Artikel und Pluralform an die Tafel.

52 KT ergänzen die Pluralformen der Nomen, KL achtet darauf, dass KT ihre Entscheidung begründen.

KT sammeln in Kleingruppen 10 Nomen. Sie tauschen ihre Listen aus und ergänzen den Plural.

2D

Am Telefon/Im Büro/Einladung/Geburtstag: KL kopiert die Dialoge, schneidet die Redeanteile (Δ und ●) in Streifen und gibt jeder Kleingruppe alle Dialogstreifen. KL spielt alle Dialoge 1x von der Kassette vor und bittet KT, die 4 Dialoge (ohne Buch) wieder herzustellen. KL gibt die Titel der Dialoge vor. Nach Beendigung der Kleingruppenarbeit spielt KL die Dialoge zur Überprüfung der Ergebnisse noch einmal vor und klärt dann die unbekannte Lexik.

53 - 56 Beim gelenkten Transfer lesen KT die Dialoge und ersetzen einzelne Teile des Dialogs durch andere, die vorgegeben werden. KT ermutigen, auch eigene Ideen einzubringen.

KL bereitet Rollenspielkarten mit unterschiedlichen Informationen für Person A und B vor. KT spielen spontan und ohne Buch ihre Rollen.

Bei allen Dialogen bietet es sich an, auf den interkulturellen Aspekt einzugehen. Erarbeiten Sie mit KT, wie ein ähnlicher Dialog in anderen Ländern aussehen könnte, z. B.: Wie meldet man sich am Telefon? Ist man höflicher als in Deutschland? Ist man eher formeller? Wie spricht man eine Einladung aus? Lädt man Arbeitskollegen zu einer Party ein? Bei einer Einladung zum Essen, wer bezahlt? usw.

2E

57 **Phonetik:** KL wählt einen der vorigen Dialoge aus und liest ihn noch einmal mit KT. Dabei verdeutlicht KL die korrekte Aussprache kurzer und langer Vokale. KL spielt die Beispiele zur Aussprache von der Kassette vor und macht auf die unterschiedliche Schreibweise aufmerksam.

58 KT hören und wiederholen die Wörter. KL stoppt die Kassette nach jedem Wort, um KT genug Zeit zum Wiederholen zu geben. Bei größeren Gruppen spielt KL die Wörter ein 2. Mal vor, um alle KT nachsprechen zu lassen.

AS: *fragen, aber, Jahr, Zahl, Plan, haben, acht, Blatt, Markt, lassen, Dank, wann, gehen, sehen, sehr, Allee, zehn, Messe, Technik, Welt, sechs, treffen, Gepäck, bitte, Hannover, Artikel, Mittel, vier, Wien, China, sieben, Dienstag, beziehen, nicht, sicher, immer, ich, wissen, April, Mode, Montag, schon, groß, Rom, Monat, Block, Kongress, Sonntag, Woche, kommen, Post, Buch, Juni, Flug, gut, Juli, Uhr, Nummer, und, Kunde, hundert, muss, kurz, näher, täglich, zählen, möglich, Möbel, Köln, zwölf, können, öfters, möchten, für, über, früh, München, fünf, müssen, fünfzig*

59 KT entscheiden, ob die Wörter kurze oder lange Vokale haben.
Lösungen *(die langen Vokale sind unterstrichen): Blatt, Technik, früh, Mode, Welt, jetzt, Halle, näher, Textil, Japan, fragen, kosten, Firma, kann, müssen, wo, Dienstag, Uhr, Möbel, Nummer, um, Gepäck, München*

Wettbewerb: KT unterstreichen in kleinen Teams die langen Vokale. Gegenseitige Kontrolle der Ergebnisse.

60 **Was passt nicht?** Wiederholung der Lektionslexik, Aufgabe im Plenum bearbeiten: Ein KT liest eine Wortgruppe und bittet einen anderen KT, das Wort, das nicht passt, zu nennen.
Lösungen*: 1. früh, 2. März, 3. wir, 4. leider nicht, 5. nichts zu danken, 6. Zeit*

KT liest die Wörter, die anderen KT notieren die Antwort. KL sammelt und verteilt die Zettel beliebig wieder an KT. Anonyme Auswertung im Plenum.

61 **Wörterrätsel***:* Auch dieses Rätsel ist recht schwierig. Aus diesem Grund sollten KT genug Zeit für die Bearbeitung bekommen. KL lässt die Ü in Kleingruppen erarbeiten.
Lösungen: *1. Ausstellung, 2. Adresse, 3. Parkplatz, 4. Telefonbuch, 5. Visitenkarte, 6. Sportmode, 7. Vorname, 8. Postamt, 9. Flughafen, 10. Telefonnummer, 11. Notizblock, 12. Katalog, 13. Geldautomat, 14. Taxistand, 15. Terminkalender, 16. Postleitzahl, 17. Messestand, 18. Kongresszentrum, 19. Informationstechnik, 20. Messeplan, 21. Buchmesse, 22. Taschenrechner, 23. Kollegin, 24. Nachmittag, 25. Handwerksmesse*
Senkrechtes Lösungswort: *Telekommunikationstechnik*

Wettbewerb: das schnellste Team, das die meisten richtigen Wörter findet, hat gewonnen.

Lektion 3
Unternehmen

Lektionsüberblick

Texte	Fachsprachliche Dialoge: Gespräch über Lieferfristen (S. 80); Neue Tätigkeitsbereiche (S. 85) Lesetexte: Visitenkarten (S. 75); Zeitungsüberschriften (S. 76); Schaubild: Hochschulabsolventen (S. 90); Organigramm der Industrie- und Handelskammer (S. 91); Bekanntmachung: Personalveränderung (S. 93); Zeitungsartikel: Firmen-Telegramm (S. 95); Allgemeinsprachliche Dialoge: Taxibestellung (S. 100); Im Gasthaus (S. 101); An der Hotelbar (S. 102); Im Café (S. 103)
Lexik	Titel und Funktionen (S. 74); Buchstabiertafel (S. 89); Bruchteile (S. 98)
Sprechhandlungen	telefonieren (Verbindung mit Telefonzentrale/Vorzimmer) (S. 86-88); buchstabieren (S. 89); nachfragen (S. 98); begrüßen (S. 99); um Erlaubnis bitten (S. 99); Grüße bestellen (S. 99); sich verabschieden (S. 99)
Grammatik	Bildung des Partizips II (S. 77); Passiv (3. Pers. Sg. und Pl.) (S. 77/78); trennbare Verben (S. 79); Präpositionen (von/ vom/von der) (S. 81); Pronomen: (k)eine, (k)einer, (k)eines, welche (Nom., Akk.) (S. 82); Konjugation Präsens (3) (S. 83); Reflexivpronomen/reflexive Verben (S. 83/84); Imperativ (S. 84); Präpositionen (ab, seit) (S. 86); Perfekt (S. 94-98)
Phonetik	Diphthonge (S. 105)

Wichtige Unternehmensrechtsformen in Deutschland

Rechtsform	Haftung für Verbindlichkeiten	Mindestkapital	Geschäftsführung und Vertretung nach außen	Beschließendes Organ/Überwachendes Organ	Entsprechung im Europäischen Gesellschaftsrecht
Einzelkaufmann	Geschäfts- und Privatvermögen	nicht erforderlich	Kaufmann		
Personengesellschaften					
Offene Handelsgesellschaft (OHG)	Gesellschaftsvermögen und Privatvermögen der Gesellschafter	nicht erforderlich	Gesellschafter		Europäische Wirtschaftliche Interessenvereinigung (EWIV)
Kommanditgesellschaft (KG)	Vollhaftende Gesellschafter (Komplementäre) ; Privatvermögen/ Teilhaftende Gesellschafter Kommanditisten): bis zur Höhe ihrer Kapitaleinlage Gesellschaftsvermögen	nicht erforderlich	Vollhaftende Gesellschafter (Komplementäre)		
Mischformen aus Personen- und Kapitalgesellschaft					
Kommanditgesellschaft auf Aktien (KGaA)	Vollhafter (Komplementäre) mit ihrem gesamten Vermögen, AG nur bis zur Höhe des Gesellschaftskapitals	100.000 DM (AG)	Vorstand (besteht aus den Komplementären), er ist nicht absetzbar	Hauptversammlung (Beschlüsse bedürfen zum Teil der Zustimmung der Komplementäre)/Aufsichtsrat	

Kapitalgesellschaften					
Gesellschaft mit beschränkter Haftung (GmbH)	Gesellschafts-vermögen	50.000 DM	Geschäftsführer	Gesellschaftsver-sammlung/u.U. Aufsichtsrat (Pflicht ab 2000 Arbeit-nehmern)	(Einpersonen-GmbH) Europäische Aktiengesellschaft
Aktiengesellschaft (AG)	Gesellschafts-vermögen	100.000 DM	Vorstand	Hauptversammlung / Aufsichtsrat	Europäische Akti-engesellschaft
Genossenschaften					
Eingetragene Ge-nossenschaft (eG)	Genossen-schaftsvermögen	nicht er-forderlich	Vorstand	Generalversamm-lung/Aufsichtsrat	Europäische Genossenschaft

Die Personengesellschaften beinhalten die persönliche Haftung der Gesellschafter (Ausnahme: Kommanditisten, also Teilhaber bei der KG, die nur bis zur Höhe ihres eingesetzten Kapitals haften), die verbunden ist mit der größtmöglichen Einflussnahme auf die Geschäfte der Gesellschaft, mit der Geschäftsführung bzw. Vertretung. Bei Kapitalgesellschaften ist keine persönliche Haftung gegeben, vielmehr beschränkt sich die Haftung auf das Gesellschaftsvermögen. In der Regel sind bei Kapitalgesellschaften Eigentum und Geschäftsführung voneinander getrennt. Hier übernehmen Manager, die keineswegs Eigentumsanteile besitzen müssen, die Leitung der Betriebe.

Einige wichtige deutsche Unternehmen:

Firma	**Sitz**	**Branche**
Daimler Benz AG	Stuttgart	Mischkonzern, hauptsächlich Automobilbranche
Volkswagen AG	Wolfsburg	Automobilkonzern
Siemens AG	München	Elektronikkonzern
VEBA AG	Düsseldorf	Mischkonzern: Energie, Kommunikation
Hoechst AG	Frankfurt a.M.	Chemie

Einstieg über Bildbeschreibungen: Verschiedene auf den Bildern gezeigte Unternehmen und Unternehmensbereiche sollen als Anreiz dienen, KT einige mögliche Kenntnisse über deutsche Unternehmen zu entlocken. KL sammelt mit KT in einem Brainstorming („lautes Denken“) alle Informationen an der Tafel oder auf einer Folie.

1 KT suchen in Partnerarbeit die in den Kästen angegebenen Informationen auf den Visitenkarten und kreuzen sie in den Übersichten an. Sie können dabei Wörterbücher benutzen. Danach klärt KL zusammen mit KT verschiedene wichtige Wörter und Ausdrücke.

***Lösung**: Titel - Dipl.-Chem., Dipl.-Phys., Dipl.-Ing., Dr.; Leitung des Unternehmens - GmbH, Geschäftsführer; KGaA/KG, persönlich haftender (geschäftsführender) Gesellschafter; Leitende Angestellte - Bereichsleiter, Bereichsdirektor; stellvertretender Leiter; Produktgruppenleiter; Referatsleiter*

Falls KT bereits in Unternehmen arbeiten: KT tauschen Visitenkarten aus und untersuchen, was darauf steht.

Titel. In Deutschland gehören Titel wie Dr. (Doktor) oder Prof. (Professor) zum Namen einer Person, d. h. bei der Vorstellung muss der Titel auch genannt werden. Ihn einfach zu ignorieren, könnte als Unhöflichkeit oder sogar als Respektlosigkeit gedeutet werden. In der Regel sollte erst dann darauf verzichtet werden, wenn es die jeweilige Person selber anspricht.
Visitenkarten: Wie auch in anderen Ländern ist es üblich, dass eine Führungskraft eines Unternehmens in Deutschland über Visitenkarten verfügt. Sie werden in der Regel nicht gleich mit der Begrüßung ausgetauscht, sondern erst bei passender Gelegenheit. So kann es auch geschehen, dass erst gegen Ende eines Gesprächs die Visitenkarten mit der Bemerkung ***„Darf ich Ihnen meine Visitenkarte (noch) geben?"*** übergeben wird.

2 KL nutzt die Übung, um mit dem unterschiedlichen Wissen der KT möglichst viele Begriffe und Namen zu erklären. KL sollte darauf achten, dass insbesondere die Verben bzw. deren Partizipien erarbeitet werden. Gute Gelegenheit, um Informationen über deutsche Industrieunternehmen zu geben. Siehe wirtschaftliche Hintergrundinformationen.

3 KL klärt mit KT die noch unbekannten Wörter. KT bearbeiten Ü schriftlich in Einzelarbeit. Auswertung im Plenum: KT lesen ihre Ergebnisse laut vor, gegenseitige Korrektur.
Evtl. deutsche Synonyme suchen: KT nehmen auch hier die Umformung von Verben in Nomen und umgekehrt vor.

4 Als schriftliche Partnerarbeit oder in einer mündlichen Runde setzen KL und KT Etappen einer beispielhaften Produktentwicklung und des Verkaufs zusammen. Da die Verben und ein Teil der Nomen bekannt sind, sollten KT Ü ohne weitere Vorentlastung lösen können. Auswertung im Plenum.
Lösung*: 3. Aluminiumteile werden in Belgien hergestellt. 4. Die Maschinen werden in Stuttgart montiert. 5. Die fertigen Maschinen werden geprüft. 6. 50% der Produktion werden ausgeführt. 7. Der Kundendienst wird von den Niederlassungen übernommen.*

KL kopiert die Sätze, schneidet sie auseinander. KT bringen die Papierschnipsel in die richtige Reihenfolge.

Bildung des Partizips II: KL bereitet eine Folie oder Kopie mit den Sätzen aus Ü4 sowohl im Passiv als auch umgeformt im Aktiv vor. KT erarbeiten in Gruppenarbeit den Unterschied zwischen den Satzpaaren und evtl. schon eine Regel. KL formuliert eine Regel als Lückentext. KL überprüft mit KT die Ergebnisse der Gruppenarbeit mit Hilfe der Übersichten zum Partizip und zum Passiv auf S. 77 und führt die fehlenden Möglichkeiten der Partizipbildung ein, die von den Beispielsätzen aus Ü4 noch nicht abgedeckt wurden.

5 Rückgriff auf Zeitungstitel von Ü2: Passivformen sammeln.
Lösung*: (werden) gebildet; werden geordnet; werden erwartet; werden koordiniert; werden bekannt gegeben*

KL geht nicht auf das Zustandspassiv in der Überschrift ***Produktivität etwas zurückgegangen*** ein.

3A

6 Nachdem KL unbekannte Wörter erklärt hat, bilden KT in Einzelarbeit Passivsätze aus den vorgegebenen Satzteilen. KT tauschen ihre Notizen/Bücher aus und korrigieren sich gegenseitig. Auswertung im Plenum: KT lesen Ergebnisse ihrer Partner laut vor und werden korrigiert.
Lösung: *1. gebildet. 2. koordiniert. 3. informiert. 4. gebraucht. 5. geleitet 6. produziert. 7. vereinbart*

Trennbare Verben: Da in der Übersicht zum Partizip II bereits von trennbaren und untrennbaren Verben gesprochen wurde, kann KL auf diese „Vorkenntnisse" zurückgreifen. KL bittet 1 KT, die Beispiele vorzulesen.

7 KL bildet zusammen mit KT Sätze mit trennbaren Verben, wobei exemplarisch die Regeln eingeübt werden. Zuerst lässt KL die Verben suchen und in ihre trennbaren Teile zerlegen. Dann fügt man dem zerlegten Verb die anderen Satzteile nacheinander zu.

KL zerschneidet die kopierten Wörter, KT bilden daraus in Partnerarbeit Sätze.

8 Unterscheidung trennbarer und untrennbarer Verben. KT hören die Verben mehrfach. Während sie beim 1. Hören der Kassette nur zuhören, tragen sie beim 2. Durchgang die Verben in die Liste ein. KL stoppt die Kassette nach jedem Verb, um KT Zeit für ihre Entscheidung und für das Notieren zu geben. In schwächeren Gruppen sollte KL die Verben ein weiteres Mal vorspielen. Bei der Auswertung im Plenum könnte das Buchstabieren wiederholend geübt werden.
Lösung: <u>trennbare Verben</u> - *1. herstellen, 2. kennen lernen, 3. abgeben, 4. anrufen, 5. nachschauen, 6. vorstellen, 7. einführen, 8. ausführen, 9. ausfüllen*
<u>untrennbare Verben</u> - *1. entschuldigen, 2. übernehmen, 3. vereinbaren, 4. beziehen, 5. bestehen, 6. entscheiden, 7. wiederholen, 8. erklären, 9. ergänzen, 10. erkennen, 11. versuchen*

KL gestaltet diese Ü als Wettkampf zwischen Kleingruppen oder in Partnerarbeit. Sieger ist, wer die meisten korrekten Lösungen hat.

3B

Gespräch über Lieferfristen: KL stellt die Situation des Dialogs her und gibt einige wichtige Wörter vor. Dann spielt er den Dialog vor, allerdings nur bis ***„Sie wissen ja, wir brauchen das Material dringend"***, und bittet immer 2 KT, den Dialog fortzuführen. KT haben einige Minuten Zeit, um Stichpunkte für die Szene vorzubereiten. KL achtet während der Partnerarbeit darauf, dass KT keine Sätze ausformulieren. Auswertung im Plenum: KT spielen ihr Gespräch nach Stichpunkten vor. Danach hören KT den Text, wie er im Buch steht und haben Gelegenheit, die unklaren Wörter und Strukturen zu klären.

von - vom - von der: KL fragt KT zum vorigen Dialog: ***„An wen soll sich der Käufer wegen der Lieferfristen wenden?“***. KL fragt so lange, bis er die Antwort ***„An Herrn Haas von der Fertigungsabteilung“*** bekommt und notiert sie an der Tafel. Auf die gleiche Weise geht KL mit Herrn Gundlach vor. Dann fragt KL 1 KT: ***„Wo arbeiten Sie?“***. Nach der Antwort wiederholt KL ***„Das ist Herr ... von ...“***. KL schreibt auch diesen Satz an die Tafel. Weitere Frage zum Dialog: ***„Wer ist Herr Riemek?“***. Hier sollte die Antwort heißen ***„Das ist Herr Riemek vom Verkauf.“***. Sollten KT nicht sofort auf die gewünschten Antworten kommen, lenkt KL sie und fragt nach Alternativformulierungen der Antworten. KL kopiert die Übersicht von S. 81 auf eine Folie, deckt die mittlere Spalte während der Präsentation ab und bittet KT, mit Hilfe der Sätze an der Tafel die Präpositionen zu ergänzen und die Sätze laut vorzulesen.

9 KL spielt den Beispieldialog mehrmals vor und lässt ihn dann 1-2x von KT in verteilten Rollen lesen. Wenn die Situation klar ist, spielen jeweils 2 KT die Szene spontan im Plenum. Sie können Phantasienamen, reale Namen aus der Gruppe oder Namen und Bezeichnungen aus vorangegangenen Lektionen verwenden.

10 Schriftliche Übung zum Thema: **von - vom - von der.** KT ergänzen die Lücken in Einzelarbeit. Auswertung im Plenum: KL lesen ihre Ergebnisse vor, die korrigiert werden.
Lösung: *1. von der, 2. von der, 3. vom, 4. von, 5. von der, 6. vom, 7. von, 8. von der*

11 KL bittet 1 KT, das Beispiel vorzulesen und erklärt daran die Aufgabenstellung: KT ersetzen jeweils ein Element durch die Angabe auf dem Band. KT führen die Ü als Kettenübung durch. KL stoppt nach jeder Angabe, damit KT genügend Zeit für den jeweiligen Satz haben. Nach Ende der Vorgaben vom Band könnte die Kette mit Vorgaben der KT weitergeführt werden, z. B. KT1 gibt ein Wort vor und KT2 baut es ein.
AS und Lösung: *1. (Material) Wir brauchen das Material. 2. (Fertigungsabteilung) Die Fertigungsabteilung braucht das Material. 3. (Kunde) Der Kunde braucht das Material. 4. (Maschinen) Der Kunde braucht die Maschinen. 5. (Ich) Ich brauche die Maschinen. 6. (Terminplanung) Ich brauche die Terminplanung. 7. (Verkaufsabteilung) Die Verkaufsabteilung braucht die Terminplanung. 8. (Lieferfristen) Die Verkaufsabteilung braucht die Lieferfristen. 9. (Sekretärin) Die Sekretärin braucht die Lieferfristen. 10. (Katalog) Die Sekretärin braucht den Katalog. 11. (Wir) Wir brauchen den Katalog.*

12 **Position des Verbs im Satz:** Mit dieser Ü soll KT deutlich gemacht werden, dass sich das Verb immer in der 2. Position befindet. Nach der schriftlichen Übung und der mündlichen Besprechung sollten von den KT weitere Sätze nach dem Muster erfunden werden.
***Lösung**: 1. Leider habe ... 2. Natürlich brauchen ... 3. Heute bin ... 4. Vielleicht kann ... 5. Hoffentlich kommt ... 6. Jetzt werden ... 7. Dann sehen ... 8. Morgen nimmt ... 9. Selbstverständlich habe ...*

Pronomen: KL stellt KT Fragen nach Gegenständen, z. B. ***„Haben Sie einen Bleistift?“***. KT antworten in ganzen Sätzen, die KL an die Tafel schreibt und dann das Nomen im Akkusativ durchstreicht: ***„Ja, ich haben einen ~~Bleistift~~.“***. KL weist darauf hin, dass hier der Artikel die Funktion eines Pronomens übernimmt und so das Nomen wegfallen kann. KL verfährt auf die gleiche Weise mit der Negation ***kein*** und dem Pronomen im Nominativ. KL notiert alle Pronomen an der Tafel.

13 Anschließende Übung im Plenum, KT formulieren weitere Fragen, auf die KT im Plenum antworten.
***Lösung**: 1. ... keiner. 2. ... welche. 3. ... keine. 4. ... welche. 5. ... keinen. 6. ... eins. 7. ... keine ... 8. ... eins.*

Konjugation Präsens (3): KL kopiert die Übersicht von S. 83 auf eine Folie, entfernt vorher die Konjugation der Verben, ergänzt aber die Formen eines regelmäßigen Verbs. KL vermittelt KT die neuen Konjugationsformen mit Hilfe des „entdeckenden Lernens“, d. h. KT machen einen Vorschlag für die Form, werden bei einer nicht korrekten Antwort korrigiert und versuchen so, selbst die Regeln zu finden. Am Ende ist die Übersicht vollständig ausgefüllt.

14 Anschließende schriftliche Ü der neuen Formen in Einzelarbeit. Auswertung im Plenum. KL lässt KT evtl. 10 weitere Sätze erfinden oder ergänzt Ü aus einer der gängigen Grammatiken, da diese Verben intensivere Einübung benötigen.
***Lösung**: 1. sieht, 2. leitet, 3. Spricht, 4. trifft, 5. Nehmen*

Reflexive Verben/Konjugation Präsens: KL schreibt vor dem Unterricht jedes Wort der Sätze aus Dialog S. 80: ***„Sie wenden sich an Herrn Haas./Er kümmert sich um die Terminplanung./Sie können sich auf mich beziehen.“*** auf je ein Blatt Papier, im Unterricht bilden KT im Plenum damit Sätze. KL befestigt Blätter so an der Tafel, dass das Reflexivpronomen und das konjugierte Verb jeweils untereinander stehen. KL und KT analysieren Sätze, suchen nach weiteren Reflexivverben und bilden Beispielsätze mit ***ich, wir, Sie, er/sie***. KL schreibt Verben im Infinitiv und Beispielsätze an die Tafel.

15 KT bearbeiten Sätze in Einzelarbeit. Auswertung im Plenum: KT lesen Ergebnisse vor. KL schreibt Sätze an die Tafel.
***Lösung**: 1. wendet sich, 2. kümmern uns, 3. beziehen uns, 4. sich ... wenden, 5. interessiert sich*

Imperativ: KL stellt folgende Situation her: KT sprechen mit ihrer Sekretärin/ihren Mitarbeitern und sagen ihnen, was sie erledigen sollen. KT nennen in einem Brainstorming verschiedene Tätigkeiten, wie z. B. ***Brief schreiben, Kunden anrufen, Rechnungen bezahlen*** usw. Danach spielt KL die Beispiele von der Kassette vor und lässt KT Sätze mit den Verben nach diesem Muster formulieren. KL schreibt die Ergebnisse des Brainstorming und die Sätze an die Tafel.

16 KT bearbeiten Ü in Partnerarbeit und bilden Sätze im Imperativ. Auswertung im Plenum: KL lesen ihre Ergebnisse laut vor.

17 **Reflexive Verben im Frage-, Befehls- und Aussagesatz:** Abschließende Ü der reflexiven Verben mit Satzschalttafel. KL gibt ein Beispiel vor und in Partnerarbeit bilden KT die Sätze. Auswertung im Plenum.

KL arbeitet unterschiedliche Intonationen bei Frage-, Aussage- und Befehlssatz heraus: Fragesatz - Anheben der Stimme beim letzten Wort. Aussagesatz - Betonung des Subjekts oder des Objekts möglich. Befehlssatz - Betonung des Objekts.

KL kopiert die Satzschalttafel und schneidet sie auseinander. KT bilden damit Sätze in Partnerarbeit. Dadurch erhöht sich die Schwierigkeit der Ü, denn nun müssen KT auch die Wortstellung beachten.

Neue Tätigkeitsbereiche: KT hören den Dialog 1x bei geschlossenem Buch. Dann erhalten sie Papierschnipsel mit den Rollen der Gesprächspartner. KT setzen den Dialog in Kleingruppenarbeit zusammen. KL geht zu den Gruppen und hilft, wichtige Lexik zu klären und prüft die Ergebnisse. Auswertung im Plenum: KL spielt die Kassette noch einmal vor und KT überprüfen ihre Ergebnisse. Danach lesen KT den Dialog mehrmals mit verteilten Rollen. KL hat während der Gruppenarbeit die erfragten Wörter an die Tafel geschrieben. KT erklären sich die Lexik jetzt gegenseitig.

KL bereitet Rollenkarten vor mit Informationen zu verschiedenen Personen (Name, kurze Beschreibung des Tätigkeitsbereichs usw.). KT spielen diese Rolle in kleinen Rollenspielen ohne Buch im Plenum.

ab, seit: KL stellt KT verschiedene Fragen mit ***ab*** und ***seit***, wie z. B. ***„Seit wann sind Sie in Deutschland?"***, ***„Seit wann lernen Sie Deutsch?"***, ***„Seit wann arbeiten Sie bei der Firma ...?"***, ***„Ab wann machen Sie Urlaub?"***, ***„Ab wann arbeiten Sie in der neuen Abteilung?"***. KL korrigiert die Antworten mit dem Hinweis ***seit*** und ***ab*** zu benutzen. KL klärt den Gebrauch der Präpositionen, indem er die grafische Erklärung (früher/jetzt/später) als Folie präsentiert, den unteren Teil abdeckt und KT ergänzen lässt, wann ***ab*** und ***seit*** verwendet werden. KL erstellt eine Tabelle (an der Tafel/auf einer Folie) mit den Spalten ***seit/ab, ab*** und ***seit*** und lässt KT die temporalen Angaben zuordnen (vgl. Übersicht S. 86).

18 In Einzelarbeit ergänzen KT die Angaben. Auswertung im Plenum: KT lesen ihre Ergebnisse vor und Plenum korrigiert. ***Lösung***: *1. seit, 2. seit, 3. ab, 4. seit, 5. ab*

19 KL stellt die folgende Situation her: KT haben während der Messe Herrn Bell kennengelernt und rufen ihn an. KL bittet 2 KT, die Situation spontan, bei geschlossenem Buch, zu spielen. In einem 2. Durchgang übernimmt KT3 die Telefonzentrale. KL sammelt mit KT an der Tafel die Redemittel für das Telefonieren.

KL spielt die Varianten mehrfach ohne Buch vor und KT bringen vorbereitete Papierschnipsel mit den Dialogteilen der Personen in die richtige Reihenfolge. Nach jeder Variante stoppen, um KT Zeit zum Bearbeiten der Aufgabe zu geben. KT spielen jetzt die Szene mit den Redemitteln aus dem Buch und benutzen ihre eigenen Namen.

telefonieren: KL kopiert die Redemittel auf eine Folie und deckt sie bei der Erarbeitung der Redemittel so ab, dass nur der 1. Satz zu sehen ist. KL lässt KT mögliche Reaktionen darauf erarbeiten und schreibt diese an die Tafel. Danach spielt KL die Varianten von der Kassette vor und deckt die Redemittel auf der Folie auf. Auch in der 2. Situation (Verbindung gelingt nicht) geht der KL Schritt für Schritt vor: Frage ***„Könnte ich bitte Herrn/Frau ... sprechen?“*** aufdecken, Antwort entwickeln lassen und an die Tafel schreiben, Redemittel aufdecken, vorlesen lassen, Reaktionen darauf erarbeiten usw. Am Ende Varianten von der Kassette vorspielen.

20
21 KL lässt KT in Partnerarbeit aus den Redemitteln zum Thema **telefonieren** die passenden Verben bzw. die richtigen Präpositionen heraussuchen. Auswertung im Plenum: KT lesen ihre Sätze vor.
Lösung Ü20: *1. Bleiben, 2. Möchten, 3. zurückrufen, 4. verbinde, 5. möchte ... sprechen, 6. Kann ... ausrichten, 7. Soll ... zurückrufen, 8. versuche, 9. ist, 10. rufe ... an, 11. spricht, 12. kann ... zurückrufen? 13. kann ... erreichen?*
Lösung Ü21: *1. zu, 2. im, 3. am, 4. Unter, 5. mit, 6. am, 7. in, 8. um*

22 KL lässt in Partnerarbeit die Minidialoge mündlich vorbereiten und danach im Plenum vortragen.

Einführung der **Buchstabiertafel** (ohne Buch!). KL bittet 1 KT, seinen Namen zu buchstabieren und fragt z. B. bei einem *m* oder *n* nach: ***„M wie Martha oder N wie Nordpol?"***. KL spielt danach die Buchstabiertafel von der Kassette vor. Bedeutungsklärung der Wörter (z. B. meistens Namen). KT buchstabieren jetzt ihre Namen mit der Tafel. Hinweis darauf, dass diese Buchstabiertafel zwar weitverbreitet benutzt wird, aber häufig individuell variiert wird.

Evtl. internationale Buchstabiertafel ergänzen.

23 KL spielt den Dialog 2x von der Kassette vor, dann lesen ihn 2 KT mit verteilten Rollen laut vor.

24 Im Plenum spielen KT spontan die Situation wie in Ü23 mit ihren eigenen Namen.

25 In Partnerarbeit erfinden KT zu jedem Satz einen passenden kurzen Dialog. Das Buchstabieren des Namens steht im Mittelpunkt des Dialogs. KL verteilt die Sätze, damit zu allen ein Dialog erarbeitet wird. Auswertung im Plenum: KT spielen ihre Dialoge vor.

26 KL kopiert die Namen mit den Adressen und Telefonnummern (vergrößert!), schneidet sie auseinander und verteilt sie im Plenum. KT buchstabieren sich gegenseitig die Namen und notieren sie. KL lässt auch die Telefonnummern diktieren. Korrektur im Plenum: KT schreiben Lösungen an die Tafel und KT, der den jeweiligen Namen vorgelesen hat, korrigiert die Ergebnisse.

3C

27 **Information und Organisation:** KL klärt mit KT die neuen Begriffe. Dann suchen alle weitere Formulierungsvarianten: Für ***Ressort*** z. B. ***Abteilung***, ***Bereich*** oder ***Tätigkeitsfeld*** und für ***es gibt*** u. a. ***arbeiten***, ***sind beschäftigt*** oder ***angestellt***. KT liest das Beispiel laut vor und im Plenum werden Variationen der Wortstellung erarbeitet, z. B. ***24,2% der Hochschulabsolventen sind in der Abteilung Qualitätssicherung beschäftigt.*** Dann schreiben KT die Informationen zu den anderen Ressorts. Auswertung im Plenum: KL lässt alle Varianten vorlesen.

28 KL lässt alle Begriffe, die bereits bekannt sind, im Plenum von KT erklären. Erst danach bekommen KT einige Minuten Zeit, nach den Entsprechungen in der Muttersprache zu suchen.

Alternative: KL bereitet ein Arbeitsblatt mit muttersprachlichen Definitionen (homogene Gruppen) oder mit leichten

Definitionen auf Deutsch vor. KT ordnen die Begriffe den Definitionen zu.

29 In Partnerarbeit ergänzen KT jetzt die zuvor erarbeiteten Namen der Abteilungen. Auswertung im Plenum: Partner stellen ihre Ergebnisse vor.

30 **Silbenrätsel**: Wörter aus den verschiedenen Abteilungen. KT suchen in Kleingruppenarbeit nach den Abteilungsbezeichnungen aus Ü29.
***Lösung**: I. Wirtschaftsförderung; II. Firmengründung; III. Umweltschutz; IV. Dienstleistungsgewerbe; V. Stadtplanung; VI. Auslandskooperation; VII. Berufsbildung; VIII. Personalführung; IX. Öffentlichkeitsarbeit; X. Datenverarbeitung*

KL lässt mehrere Gruppen im Wettbewerb die Lösungen erarbeiten.

31 Muster einer authentischen Bekanntmachung von einem Unternehmen. KL klärt mit KT die Begriffe aus dem Schüttelkasten. In Partnerarbeit ergänzen KT die fehlenden Begriffe. KL weist darauf hin, dass KT nicht jedes einzelne Wort verstehen müssen, um die Ü bearbeiten zu können. Auswertung im Plenum: KT lesen den Brief vor und KL notiert die Ergänzungen im Brief, den er auf eine Folie kopiert hat.
***Lösung** (in der Reihenfolge wie Wörter ergänzt werden): Geschäftsführung, Hauptabteilungsleiter, Abteilungen, Leitung, Leitung, Leitung, Hauptabteilung, Abteilung*

Perfekt: KL erarbeitet mit KT die genaue Bedeutung des Satzes ***„Die Geschäftsführung ... hat beschlossen.“*** und weist auf die Form ***hat beschlossen*** als Perfekt hin.
KL fragt KT ***„Was haben Sie gestern gemacht?“*** und lässt KT antworten. KL notiert die genannten Verben im Infinitiv an der Tafel mit der entsprechenden Perfektform, z. B. ***fahren - bin gefahren***. KL und KT analysieren die unterschiedlichen Perfektformen und leiten gemeinsam erkennbare Regeln ab. Abschließende Zusammenfassung: Kasten auf S. 92 als Folie oder im Buch lesen und noch fehlende Regeln einführen.

KL bereitet ein Arbeitsblatt mit Bildern von Tätigkeiten eines Managers vor. KT beschreiben die Bilder. **Oder**: KT notieren 10 Verben mit Tätigkeiten ihrer Arbeit und formulieren Sätze im Perfekt.

32 KT ordnen schriftlich in Einzelarbeit die Infinitive aus dem Schüttelkasten den Perfektformen zu. Begriffsklärung mittels Wörterbuch oder im Plenum. Evtl. in Gruppenarbeit verschiedene Abschnitte des Buchs nach zusätzlichen Verben durchsuchen und zusammen mit KL die Perfektformen klären.

33 KL lässt die Bedeutung der Begriffe ***Arbeitnehmer***, ***Auftrag***, ***Umsatz*** und ***Investitionen*** im Plenum klären. Dann lesen 1-5 KT die verschiedenen Abschnitte 1x laut vor. In der anschließenden Partnerarbeit unterstreichen KT die Informationen, die sich auf die vier Aspekte beziehen (Informationen vgl. Ü34).

KL bittet KT, die jeweilige Nummer daneben zu schreiben. Auswertung im Plenum: KT lesen die unterstrichenen Informationen vor.

34 Partnerarbeit: KT bilden mit Hilfe der Wörter aus dem Kasten Sätze, die dem Inhalt der Texte entsprechen. Auswertung im Plenum: KT lesen alle Sätze vor.
***Lösung**: Hochtief hat den Auftragseingang um 17% gesteigert. Schering will 350 Millionen DM investieren. Heidelberger Zement hat den Umsatz um 18% gesteigert. Mannesmann Demag/ABB hat einen Auftrag über 100 Millionen DM erhalten. Völkner hat 76 Millionen DM umgesetzt. Völkner beschäftigt 279 Arbeitnehmer.*

35
37 Geeignet als Hausaufgabe, um danach im Plenum geprüft zu werden: Ausfüllen der Liste von schwachen und starken Verben mit den dazugehörenden Partizipien.

36
38 KT bilden in Partnerarbeit Sätze im Perfekt. Korrektur im Plenum: KT lesen die Sätze vor, KL schreibt sie an die Tafel. Anschließend erzählen KT, was sie am Vortag gemacht haben. KL notiert bei neuen Verben die Perfektform an der Tafel.

39 KL spielt das Beispiel 1-2x von der Kassette vor, während KT im Buch mitlesen. KL spielt die Kassette weiter vor und stoppt nach jeder Aufforderung, um KT Zeit zum Antworten zu geben. Danach spielt KT die Lösung vor und schreibt die Perfektform an die Tafel. Anschließend fordern sich KT gegenseitig zu Aktivitäten auf, auf die ein anderer KT mit einem Satz im Perfekt antwortet. Als Kettenübung fortfahren.
***AS und Lösung**: ∆ Suchen Sie den Katalog! ● Ich habe den Katalog schon gesucht. ∆ Machen Sie die Arbeit! ● Ich habe die Arbeit schon gemacht. ∆ Füllen Sie das Formular aus! ● Ich habe das Formular schon ausgefüllt. ∆ Schauen Sie nach! ● Ich habe schon nachgeschaut. ∆ Rufen Sie die Firma an! ● Ich habe die Firma schon angerufen. ∆ Formulieren Sie die Antwort! ● Ich habe die Antwort schon formuliert. ∆ Notieren Sie den Termin! ● Ich habe den Termin schon notiert. ∆ Fragen Sie den Direktor! ● Ich habe den Direktor schon gefragt. ∆ Hinterlassen Sie ihm eine Nachricht! ● Ich habe ihm die Nachricht schon hinterlassen.*

40 KL spielt das Beispiel von der Kassette vor und macht die Wortstellung im Satz deutlich. Kettenübung: KT formulieren Fragen nach den Stichwörtern, KL spielt die Lösung von der Kassette vor.
***Lösung**: 1. Haben Sie schon einen Termin bei Siemens vereinbart? 2. Haben Sie schon Herrn Mutter angerufen? 3. Haben Sie schon die Konferenz geplant? 4. Haben Sie schon die*

KT nennen 10 Arbeiten, die am folgenden Tag erledigt werden müssen (im Infinitiv) und formulieren dann Fragen an die Sekretärin, Mitarbei-

Bestellung an Herrn Riemek geschickt? 5. Haben Sie schon Frau Oppermann zurückgerufen? 6. Haben Sie schon die Karten am Stand abgegeben? 7. Haben Sie schon Herrn Adler informiert? 8. Haben Sie schon die Aufträge geprüft? 9. Haben Sie schon die Kollegen aus Frankreich getroffen? 10. Haben Sie schon die Post gelesen?

ter usw. im Perfekt. KT aus dem Plenum antworten.

41 **Bruchteile**: KL kopiert den Kasten vergrößert auf eine Folie. Während der Einführung der Bruchteile wird die linke Hälfte abgedeckt und KT erraten oder erschließen die Wörter für die Brüche. KL deckt die Lösungen Stück für Stück auf. Im Plenum übertragen KT die Prozentangaben in Brüche. KL achtet auf die Aussprache. Dabei werden die Zahlen wiederholt, Hundertstel, Tausendstel usw.
***Lösung**: 1/5, 1/2, 1/8, 1/4, 1/3, 1/9, 2/3, 3/8, 1/6, 3/4*

Redemittel für die Situationen: ***Sie haben etwas nicht verstanden, Begrüßung, um Erlaubnis bitten, Grüße bestellen*** und ***sich verabschieden***. KL erarbeitet mit KT gemeinsam die Redemittel für die Situationen, indem er KT fragt ***„Sie haben etwas nicht verstanden. Was fragen Sie?“***. Vorschläge an der Tafel sammeln und danach Redemittel auf einer Folie präsentieren und von der Kassette vorspielen. Auf die gleiche Weise führt KL die übrigen Sprechanlässe ein: ***„Sie begrüßen jemanden. Sie bitten jemanden um Erlaubnis. Sie bestellen Grüße. Sie verabschieden sich. Was sagen Sie?“***. KL macht auf Bedeutungsunterschied der Ausdrücke aufmerksam.

In Partnerarbeit entwickeln KT Dialoge mit den neuen Redemitteln. KT spielen die Szenen im Plenum vor. Um die Rollenspiele für die Korrekturen nicht zu unterbrechen, zeichnet KL sie mit dem Kassettenrekorder auf. Korrektur im Plenum. KL erstellt zu Hause eine fehlerfreie, möglichst originalgetreue Version, die KT in der nächsten Ustd. vorlesen bzw. -spielen.

42 KT ordnen die Fragen bzw. Äußerungen den Reaktionen zu. Als Kettenübung im Plenum durchführen.
Als Hausaufgabe schreiben KT einen Dialog, der möglichst viele der gerade bearbeiteten Ausdrücke in einer Art kleinen Geschichte beinhalten soll.
***Lösung**: 1-e, 2-d, 3-f, 4-b, 5-a, 6-c*

Ü als Wettbewerb organisieren: Wer ist zuerst fertig?

3D

Taxibestellung. Im Gasthaus. An der Hotelbar. Im Café: KL kopiert die Bilder ohne die Dialoge, erklärt kurz die Situation und bittet KT in Partnerarbeit einen kurzen Dialog zu verfassen (pro Zweiergruppe 1 Bild, alle Bilder in der Gruppe verteilen). KT machen sich nur Stichworte und formulieren keine kompletten Sätze. KT spielen die Szenen im Plenum vor. Danach erhalten KT Papierschnipsel mit den Redeanteilen der vier Dialoge und dann spielt KL die Dialoge bei geschlossenem Buch vor. KT ordnen die Redeanteile den Dialogen zu und bringen sie in die richtige Reihenfolge. Dialoge mehrfach vorspielen. Zum Abschluss die Dialoge mit verteilten Rollen lesen lassen und noch unbekannte Wörter klären.

43 - 46 KT lesen die Dialoge und ersetzen die schräg gedruckten Elemente durch die angegebenen.

KT spielen ähnliche Szenen; KL ermutigt KT eigene Ideen einzubringen.

3E

47 Rätsel aus einer authentischen Anzeige: Fragezeichen aus sechs Wörtern: ***ja, nein, vielleicht, eventuell, entweder, oder***. KT suchen die Wörter, die allein eine Antwort auf eine Frage sein können. KL lässt Sätze bzw. Fragen zu den Antworten formulieren und schreibt sie an die Tafel.
Lösung: *eventuell, ja, nein, vielleicht*

48 Ein KT liest das Gedicht laut vor und KT suchen im Plenum die Fragepronomen aus einem Gedicht von Horst Bienek heraus. Evtl. aus den Kurzfragen vollständige Fragen formulieren lassen, z. B. Wer mit wem? ➔ ***„Wer arbeitet mit wem zusammen am Projekt?“*** usw.
Lösung: *Wer ... wem?* *Wer ... wer?* *(Who ... who?)*

Einsatz der Ü47/48 von der Gruppe abhängig machen. Nicht alle Lerner können sich mit dieser Übungsform anfreunden!

Diphthonge: KL spielt die Beispiele für die 3 Diphthonge bei geschlossenem Buch vor, bittet KT die Wörter zu schreiben und dann vorzulesen. KL weist auf die unterschiedliche Schreibweise bei gleicher Aussprache hin. KT suchen so viele Wörter wie möglich, die auf dieses Aussprachemuster zutreffen, und KL notiert sie an der Tafel. Literaturhinweis zur Aussprache: Ilka und Rudolf Rausch, *Deutsche Phonetik für Ausländer*, Langenscheidt, 3. durchgesehene Auflage 1993.

49 KL spielt die Wörter 1x vor, ohne dass KT sie wiederholen. Beim 2. Hören stoppt KL nach jedem Wort und bittet mehrere KT, das Wort zu wiederholen.
AS: *nein, drei, leider, Freitag, seit, Detail, Bereich, Abteilung, Preis, heißen, auch, dauern, tausend, schauen, aus, August, Auftrag, Verkauf, Raumfahrt, genau, neun, heute, freuen, neunzehn, deutsch, Flugzeug, Steuern, neunzig, Fräulein, neu*

50 KL spielt die Wörter 1x vor und KT hören zu. Erst beim 2. und 3. Durchgang schreiben KT sie in die entsprechende Spalte. Zur Kontrolle lesen KT ihre Ergebnisse vor.
***Lösung**: [ai] - Freitag, dreizehn, Leiter, eins, seit;*
[au] - dauern, August, schauen, brauchen, auch;
[oy] - heute, Fräulein, neun, deutsch, Flugzeug
***AS:** Freitag, heute, Montag, Mittel, Stand, dauern, Woche, lassen, dreizehn, Fräulein, August, zwölf, gehen, Leiter, eins, müssen, möglich, neun, schauen, deutsch, seit, brauchen, Gepäck, Flugzeug, auch*

Als Wettbewerb zweier Gruppen gestalten, die im Wechsel die Lösung sagen.

51 - 53 Da die folgenden Ü recht schwierig und damit auch zeitintensiv sind, bietet es sich an, diese von KT als Hausaufgabe machen zu lassen.
***Lösung Silbenrätsel**: Abteilungsleiter, Aktiengesellschaft, Arbeitnehmer, Auftragseingang, Hochschulabsolvent*
***Lösung Buchstabensalat**: Unternehmensbereich, Tochtergesellschaft*
***Lösung Wörterrätsel**: 1. Auftrag, 2. Ingenieur, 3. Nachricht, 4. Entwicklung, 5. Termin, 6. Gewinn, 7. Struktur, 8. Handel, 9. Logistik, 10. Vorstand, 11. Verkauf, 12. Abteilung, 13. Beteiligung, 14. Sekretariat, 15. Frist, 16. Gesellschaft, 17. Umsatz, 18. Kunden, 19. Angestellte*
Horizontal: Fertigungsabteilung

Wettbewerb mit einem Zeitlimit in Kleingruppenarbeit.

Lektion 4
Branchen • Anbieter • Abnehmer

Lektionsüberblick

Texte	Fachsprachliche Dialoge: Telefonische Auskunft (S. 114); Auskunft über die Firma (S. 122); Lesetexte: Katalogauszüge: Luftfahrtindustrie (S. 109); Firmeninformation (S. 111); Lexikontext: Konzerne (S. 111); Produktpalette: Chemische Industrie (S. 113); Branchenverzeichnis: Herstellerfirmen von Bürobedarf (S. 139); Hörtexte: Wegbeschreibung (S. 120); Allgemeinsprachliche Dialoge: Auskunft S-Bahn (S. 142); Auskunft Bus (S. 143); Im Bus (S. 144); Im Taxi (S. 145)
Lexik	Branchen und Produkte (S. 110); Adjektivantonyme (S. 127); europäische Städtenamen (S. 128); Ländernamen (S. 130-132); Nationalitäten (S. 130-132); deutsche Bundesländer und ihre Hauptstädte (S. 132); Flüsse in Deutschland (S. 132); Verwandtschaftsbezeichnungen (S. 141)
Sprechhandlungen	Wege beschreiben (S. 119-121); gute Wünsche (S. 140); gratulieren (S. 140)
Grammatik	Passiv (S. 112); Wortbildung: zusammengesetzte und abgeleitete Wörter (S. 115); Modalverben (S. 115-117); Verben mit Dativ- und Akkusativergänzung (S.117); Situativ- und Direktivergänzungen; nicht/kein (S. 123/124); Demonstrativpronomen (S. 125); Adjektivdeklination (1) (S. 126/127); stehen/stellen, liegen/legen, hängen (S. 136/137); Wechselpräpositionen (S. 137)
Phonetik	Konsonanten: r/l (S. 146); Konsonanten: m/n/ng/nk (S. 147)

Industriebranchen (Auswahl)

1. Bergbau
2. Eisenschaffende Industrie
3. Chemie
4. Maschinenbau
5. Automobilbau
6. Elektrotechnik
7. Textil/Bekleidung
8. Feinmechanik/Optik

1. Der Bergbau dominierte vor allem im Ruhrgebiet und dem Saargebiet. Wegen reichhalti-
2. ger Steinkohlevorkommen wurden die Regionen lange Zeit von der Stahlindustrie beherrscht. Deutsche Steinkohle wird immer unrentabler, da sie immer tiefer in der Erde liegt und ihr Abbau somit teurer wird. Deshalb befinden sich die traditionellen Bergbau-Regionen in einem Strukturwandel: Man versucht neue Technologien (z. B. Telekommunikation, Medien) anzusiedeln, um den Einwohnern Arbeitsplätze zu bieten.
3. Die chemische Industrie ist ein traditionell starker Industriezweig in Deutschland. Die drei großen Chemie-Unternehmen BASF, Hoechst und BAYER sind weltbekannt, aber darüber hinaus gibt es zahllose weitere große und mittlere Chemiebetriebe. Die Produktpalette ist weitgefächert: Medikamente, Farben, Klebstoffe, Waschmittel usw.
4. Der Maschinenbau gehört zu den Branchen mit den meisten Beschäftigten, über eine Million. Maschinen aller Art werden in Deutschland entwickelt und gebaut. Maschinenbau ist auch ein Studiengang an vielen Fach- und technischen Hochschulen, an denen Ingenieure ausgebildet werden.
5. Deutsche Autos sind in der ganzen Welt bekannt und so erstaunt es kaum, dass die Automobilindustrie sehr bedeutend für die deutsche Wirtschaft ist. Hustet sie, so sagt man, dann geht es der gesamten Wirtschaft schlecht. Die meisten Personenwagen werden von Volkswagen (VW) gebaut. BMW und Mercedes produzieren Autos der gehobenen Klasse. Weitere Automarken sind Ford, Opel, Audi oder der Sportwagenhersteller Porsche.
6. Elektrotechnik gehört ebenfalls zu den bedeutenden Bereichen deutscher Industrie, auch wenn in letzter Zeit gerade HiFi und Foto nicht mehr sehr erfolgreich waren. AEG, Siemens oder Krups stehen für Küchengeräte, Waschmaschinen und andere elektronische Installationen.
7. Die Textil- und Bekleidungsindustrie verliert immer mehr an Bedeutung, da in Ländern Asiens wesentlich preiswerter produziert werden kann.

8. Lupen, Mikroskope oder Teleskope sind das Markenzeichen von Firmen wie Zeiss, die Präzisionswerkzeuge herstellen.

KL präsentiert das Lektionsdeckblatt auf Folie, klärt mit KT die Bedeutung der Begriffe ***Branchen, Anbieter*** und ***Abnehmer***. Anschließendes Gespräch darüber, welche Branchen auf den Bildern vertreten sind und in welchen Branchen KT tätig sind (bei Berufstätigen) bzw. in welchen Branchen KT arbeiten möchten (bei Studenten).

1 KL erarbeitet mit den KT die Bedeutung der Verben. In heterogenen Gruppen sollte nicht mit der Übersetzung in die Muttersprache, sondern mit einsprachigen Erklärungen gearbeitet werden. KT bearbeiten in Kleingruppen die Firmenkurzbeschreibungen, ggf. mit dem Wörterbuch. KL geht von Gruppe zu Gruppe und gibt - falls notwendig - Erklärungen zur Lexik. KL schreibt die erfragte Lexik an die Tafel. Nach der Gruppenarbeit erklären sich KT gegenseitig die Wörter. Anschließende Vorstellung der Unternehmen im Plenum.
Lösung: *Konzeption, Planung, Entwicklung, Fertigung, Realisierung, Ausrüstung, Integration, Erprobung, Prüfung, Vertrieb, Betreuung, Wartung, Überholung, Instandsetzung*

2 KL bespricht im Plenum die Piktogramme für Branchen und Produkte und lässt Beispiele für die Branchen finden (Unternehmen, Produkte). Anschließende Zuordnung im Plenum.
Lösung: *A-2, B-1, C-4, D-5, E-3*

3 KT lesen den Text 1x im Plenum laut vor, danach lesen sie den Text noch einmal in Partnerarbeit und markieren alle bekannten und verstandenen Wörter.

Positiver Ansatz des Textverständnisses!

4 Im 2. Schritt lesen KT den Text erneut und KL ermutigt sie, die unbekannten Wörter aus dem Kontext zu erschließen. Evtl. erklären sich KT in Partnerarbeit gegenseitig einige Wörter. Erst im letzten Schritt nehmen KT ein Wörterbuch zur Hilfe.

5 KT lesen und bearbeiten den Text in Kleingruppen, um eine möglichst intensive Auseinandersetzung mit dem Text zu erreichen. KL ermutigt KT kontextuell zu arbeiten und die Bilder für das Verständnis zu nutzen. Erst danach sollten KT mit dem Wörterbuch arbeiten. Auswertung im Plenum.
Lösung: *C/A/B*

6 **Wiederholung des Partizips II:** KT sehen sich im Plenum die Übersicht S. 77 noch einmal an, übertragen die Regeln auf die Verben aus Ü1 und ergänzen die Infinitive bzw. Partizipien.
Lösung: *1. vertreiben; 2. ausrüsten, instand setzen; 3. entwickeln - entwickelt, erproben - erprobt, betreuen - betreut, überholen - überholt; 4. konzipieren - konzipiert, realisieren - realisiert, integrieren - integriert*

4A

7 **Wiederholung des Passivs:** Mit den bekannten Verben bilden die KT Passivsätze. Da die Lexik und die Grammatik bekannt sind, sollten Sie nicht zu viel Zeit mit dieser Aufgabe verbringen. Bearbeiten Sie sie im Plenum.
***Lösung**: 1. instand gesetzt. 2. erprobt. 3. ausgerüstet. 4. integriert. 5. vertrieben. 6. betreut. 7. entwickelt. 8. realisiert*

KT berichten, was in ihrem Unternehmen gemacht wird. Lexik erklären sich KT gegenseitig.

8 KL bittet KT, bei der Zuordnung auf Signalwörter zu achten, statt mit dem Wörterbuch zu arbeiten. Bei zu fachspezifischer Lexik ermutigt KL KT zum Mut zur Lücke, d. h. es ist hier ausreichend z. B. die ***Chemikalien*** als Fachterminus zu erkennen, es ist nicht zwingend notwendig, sie im Einzelnen zu kennen. Auswertung im Plenum.
***Lösung**: Öl und Gas, Chemikalien, Produkte für die Landwirtschaft, Kunststoffe und Fasern, Farbstoffe und Veredelungsprodukte, Verbraucherprodukte*

KL gibt KT ein wenig Zeit, um eine kurze Präsentation der Produkte und Arbeitsgebiete ihrer Firma vorzubereiten (ca. 15 Min. Vorbereitungszeit). Mit Wörterbuch!

4B

Telefonische Auskunft: KL spielt den Dialog bei geschlossenem Buch bis Δ... ***„Können Sie mir eine Firma empfehlen?“*** 2-3x vor, klärt mit KT die Situation (*Wer spricht mit wem? Worüber sprechen die Personen?* usw.) und bittet 2 KT, den Dialog zu Ende zu führen. Mehrere Varianten spielen lassen. Anschließend Dialog ganz vorspielen und mit verteilten Rollen lesen lassen (2-3x). Lexik im Plenum erarbeiten.

9 **Wiederholung der Kompositabildung**: KT bearbeiten die Nomen. Da die Lexik aus dieser Lektion stammt, bittet KL die KT einmal zurückzublättern, um die Lösungen zu finden. Auswertung im Plenum.
***Lösung**: 1. (16-A); 2. (5-B); 3. (19-C); 4. (11-D); 5. (20-E); 6. (17-F); 7. (18-G); 8. (3-H); 9. (8-I); 10. (1-K); 11. (7-L); 12. (15-M); 13. (9-N); 14. (10-O); 15. (12-P); 16. (2-Q); 17. (6-R); 18. (13-S); 19. (14-T); 20. (4-U)*

Kleine Teams bearbeiten die Komposita. Sobald das erste Team fertig ist, müssen alle anderen aufhören. Für jede falsche Lösung bekommt das schnelle Team Punktabzug.

10
11 In beiden Aufgaben stehen der Gebrauch der Modalverben ***können*** und ***müssen*** und der Partikel ***denn*** und ***leider*** bzw. ***schon*** und ***noch*** im Mittelpunkt. KL thematisiert an dieser Stelle weder Modalverben noch Partikel, da sie in dieser Einschleifübung zunächst nur reproduziert werden sollen. KT hören und lesen das jeweilige Beispiel und beantworten die Fragen von der Kassette. KL stoppt sie nach jeder Frage, um KT genug Zeit für die Antwort zu geben.

AS Ü10: *∆ Warum machen Sie das denn nicht sofort? • Ich kann das leider nicht sofort machen. ∆ Warum rufen Sie Herrn Müller denn nicht an? • ... ihn leider nicht anrufen. ∆ Warum kommen Sie denn nicht um fünf Uhr? • ... leider nicht um fünf Uhr kommen. ∆ Warum prüfen Sie die neuen Aufträge denn nicht? • ... sie leider nicht prüfen. ∆ Warum rufen Sie Frau Berger denn nicht zurück? • ... sie leider nicht zurückrufen. ∆ Warum schicken Sie das denn nicht nach Köln? • ... das leider nicht nach Köln schicken. ∆ Warum fragen Sie denn Frau Oppermann nicht? • ... sie leider nicht fragen.*

AS Ü11: *∆ Haben Sie die Arbeit schon gemacht? • Nein, ich muss sie noch machen. ∆ Haben Sie das Formular schon ausgefüllt? • ... es noch ausfüllen. ∆ Haben Sie Herrn Weber schon angerufen? • ... ihn noch anrufen. ∆ Haben Sie schon mit dem Bereichsleiter gesprochen? • ... noch mit ihm sprechen. ∆ Haben Sie den Direktor schon gefragt? • ... ihn noch fragen. ∆ Haben Sie schon geantwortet? • ... noch antworten. ∆ Haben Sie die Bestellung schon abgeschickt? • ... sie noch abschicken. ∆ Haben Sie Frau Peters schon zurückgerufen? • ... sie noch zurückrufen. ∆ Haben Sie die Karten schon abgegeben? • ... sie noch abgeben. ∆ Haben Sie die Post schon gelesen? • ... sie noch lesen. ∆ Haben Sie den Auftrag schon geprüft? • ... ihn noch prüfen.*

KT kennen bereits die Konjugation von ***können*** aus L2, S. 37; hinzu kommen jetzt die restlichen Modalverben. KL führt zunächst nur die Konjugation ein, damit KT in den Sätzen die richtigen Formen ergänzen können. Erst nach Ü12 geht KL auf die genaue Bedeutung der Modalverben ein: ***müssen*** - Notwendigkeit, Verpflichtung, ohne Entscheidungsfreiheit; ***sollen*** - Verpflichtung durch Forderung oder Erwartung, mit Entscheidungsfreiheit; ***wollen*** - Absicht, Plan; ***mögen*** - Wunsch, Bedürfnis; ***können*** - Möglichkeit, Fähigkeit; ***dürfen*** - Möglichkeit, Erlaubnis, Berechtigung.

KL spielt die Beispielsätze bei geschlossenem Buch vor, welche die KT aus anderen Ü/Dialogen bereits kennen und bittet KT, in Partnerarbeit in den Dialogen und Redemitteln der vorigen Lektionen nach Sätzen mit ***können***, ***dürfen***, ***müssen***, ***sollen*** oder ***möchten*** zu suchen. Auswertung im Plenum: KT lesen die gefundenen Sätze vor. KL hat auf einer Folie eine Übersicht vorbereitet, in der die Konjugation der Verben fehlt, hier notiert KL die Formen der Modalverben. Fehlende Formen ergänzen KT durch Raten oder Erschließen der Formen.

12 In Partnerarbeit ergänzen KT die Formen der Modalverben. Die Lexik sollte bekannt sein, sodass keine unbekannten Wörter vorzugeben sind. Auswertung im Plenum.
Lösung*: 1. kann; 2. Sollen; 3. möchte; 4. kann; 5. Möchten; 6. müssen; 7. Darf; 8. soll; 9. muss; 10. Dürfen; 11. wollen; 12. wollen*

KL führt den Bedeutungsunterschied der Modalverben ein: KL bereitet ein Arbeitsblatt mit Verkehrszeichen vor, um ***können***, ***dürfen***, ***müssen*** und ***sollen*** zu erklären. KT beschreiben die Verkehrszeichen. Ein weiteres Arbeitsblatt ***Was ich in meinem Job/Leben mag*** und ***was ich will*** führt ***mögen*** und ***wollen*** ein. KT ergänzen das Arbeitsblatt mit ihren persönlichen Vorlieben und Wünschen.

KT erarbeiten in Partnerarbeit *10 Goldene Regeln für eine(n) Geschäftsmann/-frau* mit den Modalverben.

KL weist auf ähnliche Formen in anderen Sprachen hin und macht den Unterschied deutlich, z. B. engl. *will*.

13 **Gebrauch von *können* und *dürfen***: KT können hier noch einmal zusätzlich mit den Sätzen die Bedeutung der Modalverben erschließen. KT ergänzen ***können*** oder ***müssen***.
Lösung: *1. dürfen, 2. können, 3. können, 4. dürfen, 5. können, 6. können, 7. können, 8. dürfen, 9. können, 10. können*

Verben mit Dativ- und Akkusativergänzungen: (ohne Buch!) KL macht darauf aufmerksam, dass manche Verben im Deutschen zwei Ergänzungen haben können. Vgl. S. 114 ***Können Sie mir ... empfehlen?*** und ***Ich gebe Ihnen die Telefonnummer***. KL kopiert die Beispielsätze und entfernt die Dativ- und Akkusativformen. Als Folie dient diese Kopie, um die Formen zu wiederholen und auch den Umgang mit den Verben entdeckend zu lernen. Evtl. Personalpronomen im Dativ (S. 46) wiederholen.

14 Als Kettenübung bilden KT Sätze entsprechend der Beispiele. Danach suchen KT in den vorigen Lektionen nach Verben mit Dativ und Akk., z. B. ***(Grüße) bestellen, wünschen, abgeben, hinterlassen*** usw., formulieren damit Fragen und ein anderer KT antwortet.
Lösung: *1. Geben Sie ihm bitte einen Katalog. Geben Sie ihr bitte eine Firmenliste. Geben Sie mir bitte einen Notizblock. Geben Sie uns bitte einen Taschenrechner. 2. Können Sie mir eine Firma empfehlen? Können Sie uns ein Restaurant empfehlen? Können Sie ihr ein Wörterbuch empfehlen? Können Sie ihm Material empfehlen? 3. Bitte, liefern Sie ihm die Computer sofort. Bitte, liefern Sie mir die Visitenkarten sofort. Bitte, liefern Sie ihr den Motor sofort. Bitte, liefern Sie uns die Maschine sofort. 4. Können Sie ihr Herrn Müller vorstellen? Können Sie ihm Frau Kramer vorstellen? Können Sie uns den Lieferanten vorstellen? Können Sie mir den Verkaufsleiter vorstellen?*

KL verteilt Bilder von Gegenständen und Personen an KT, erarbeitet mit KT eine Liste mit Verben, die eine Dativ- und Akkusativergänzung benötigen. KT formulieren im Plenum Fragen mit den Verben und Bildern und bitten einen anderen KT zu antworten.

Wo? Wohin? Einführung der Wechselpräpositionen im Dativ bzw. Akkusativ. KL formuliert verschiedene Fragen mit ***Wo?*** und ***Wohin?*** (z. B. ***„Sie brauchen eine Briefmarke. Wohin gehen Sie? Wo kaufen Sie eine Briefmarke?“*** - Anregungen für weitere Fragen findet KL in den Piktogrammen auf S. 118). KT antworten. KL notiert die Antworten in 2 Spalten an der Tafel, sodass die verschiedenen Artikel nach den Präpositionen deutlich werden. Im Plenum weitere Fragen mit ***Wo?*** und ***Wohin?*** formulieren und beantworten lassen. Als abschließende Zusammenfassung die Übersicht besprechen.

15 KL lässt den 1. Satz von einem KT im Plenum ergänzen und erklärt daran die Aufgabenstellung. KT ergänzen dann in Einzelarbeit die richtigen Formen. Auswertung im Plenum.
Lösung*: 1. an der, 2. in die, 3. beim, 4. zur, 5. am, 6. bei, 7. in der/am, 8. zur*

16 KL klärt Piktogramme mit den KT. Auf Vorwissen der KT eingehen! Kettenübung: KT formulieren Fragen mit gegebenen Informationen und bitten anderen KT zu antworten. Fortgeschrittene Lerner zu Variationen auffordern, wie z. B. ***„Wo befindet sich ...? Wo kann ich ... finden?“*** usw.

Wegbeschreibungen: Um das Vorwissen der KT zu aktivieren, fragt KL nach dem Weg zu einem bekannten Platz/Gebäude, der/das sich in der Nähe befindet. KL sammelt die genannte Lexik (Verben, Nomen mit Präpositionen usw.) an der Tafel. In einem 2. Schritt wird diese Liste mit der Übersicht auf S. 119 ergänzt.

KL verteilt einen vereinfachten Stadtplan, zu dem KT Wegbeschreibungen geben.

17 KL gibt den KT Zeit, sich mit dem Plan vertraut zu machen, dann spielt KL die Wegbeschreibung 2-3x von der Kassette vor. Beim 1. Vorspielen hören KT nur zu, erst danach zeichnen sie den Weg in den Plan ein. Auswertung im Plenum: KL kopiert den Stadtplan auf S. 121 auf Folie, in die KL den Weg nach den Angaben der KT einzeichnet, d. h. KT wiederholen die Beschreibung.
AS*: Nehmen Sie die Trappentreustraße bis zum Heimeranplatz und dann links in die Ridlerstraße bis zur Ganghoferstraße. Biegen Sie rechts ab in die Ganghoferstraße, und dann immer geradeaus in die Pfeuferstraße. Weiter geradeaus, über den Herzog-Ernst-Platz, und nach der Spitzwegstraße ist dann links „Einbauküchen & Wohndesign R. Herzog“.*

Die Angaben ***rechts*** und ***links*** sind in Geh-/Fahrtrichtung gemeint, d. h. wenn KT das Buch vor sich liegen haben, sind die Angaben seitenverkehrt. Da KT aber die Straßennamen erhalten, ist die Ü trotzdem lösbar.

18 KT hören den Dialog 2-3x, um ihn dann mehrfach nachzuspielen. KL bittet KT andere Wegbeschreibungen zu finden, z. B. aus der eigenen Umgebung.

KL bereitet Pläne von deutschen Städten und fiktive Adressen von Firmen vor und KT geben Wegbeschreibungen.

19 In Kleingruppenarbeit verfassen KT stichwortartig Wegbeschreibungen. Einige Kleingruppen bearbeiten die 1., die anderen die 2. Aufgabe. Jede Kleingruppe verfasst Beschreibungen. In der Auswertung im Plenum markieren die KT, die die andere Aufgabe bearbeitet haben, den Weg im Stadtplan. 1 KT könnte den Weg am Tageslichtprojektor in die Folie einzeichnen. KL lässt Varianten vorlesen und markieren.

Evtl. Wegbeschreibungen mit dem Kassettenrekorder aufnehmen und am Ende sprachlich korrigieren. KL erstellt zu Hause eine korrigierte Version, die KT in der nächsten Ustd. noch einmal vorlesen.

Auskunft über eine Firma: KL spielt den Dialog 2x bei geschlossenem Buch vor. Beim 3. Vorspielen hören KT eine der Rollen nicht und ergänzen sie schriftlich nur mit Stichworten. KL spielt wie beim 3. Hören nur eine Rolle vor und KT ergänzen nach ihren Stichworten die andere Rolle. Mehrere KT die Rolle spielen lassen. Abschließend Dialog in verteilten Rollen lesen lassen (1-2x). Lexik klären (nicht sofort übersetzen!).

20 KT bearbeiten Aufgabe zum Dialog in Einzelarbeit. Auswertung im Plenum: KT lesen Ergebnisse vor.
Lösung: *1. richtig, 2. richtig, 3. falsch, 4. falsch, 5. falsch, 6. richtig, 7. richtig*

21 Beispiel mit den KT besprechen und als Kettenübung durchführen. Nach jeder neuen Angabe Kassette stoppen, um den KT genug Zeit zur Beantwortung zu geben.
AS und Lösung: *1. (Auskunft) Wir bitten um eine Auskunft. 2. (ich) Ich bitte um eine Auskunft. 3. (Termin) Ich bitte um einen Termin. 4. (Herr Dr. Schulze) Herr Dr. Schulze bittet um einen Termin. 5. (Firmenliste) Herr Dr. Schulze bittet um eine Firmenliste. 6. (ich) Ich bitte um eine Firmenliste. 7. (Wörterbuch) Ich bitte um ein Wörterbuch.*

Einführung der **Negation** zunächst ohne Buch mit Fragen und Beispielsätzen, die sich z. B. auf die KT beziehen: KL fragt einen KT: ***„Rauchen Sie?“*** und schreibt die Frage mit der korrigierten Antwort des KT an die Tafel. Mehrere Fragen stellen, auf die eine Antwort mit ***nicht*** folgt. Dann Fragen formulieren, auf die KT mit ***kein*** antworten, z. B. ***„Haben Sie eine Million?“***. KL fährt fort wie bei der Negation ***nicht***. Dann KT bitten, sich gegenseitig Fragen zu stellen und zu beantworten. Übersicht nur zur Verdeutlichung der Regeln einsetzen.

22 KT formen die Sätze in Einzelarbeit um. Damit KT nicht raten, den vergleichbaren Beispielsatz nennen lassen. Auswertung im Plenum.

23 In Deutschland gibt es leider viele Verbote. KT formen diese in Sätze mit ***nicht*** oder ***kein*** um. Auswertung im Plenum.
Lösung: *1. Bitte, rauchen Sie nicht! 2. Bitte, werfen Sie keine Prospekte ein! 3. Bitte, parken Sie nicht in der Einfahrt! 4. Bitte, hupen Sie nicht! 5. Bitte, stellen Sie keine Fahrräder ab!*

KT bitten, Verbote zu formulieren, die im Plenum umgeformt werden oder KT formulieren Sätze zu Verkehrsschildern.

24
25 Beispiele der jeweiligen Übungen mit den KT besprechen und als Kettenübung durchführen. Nach jeder Angabe Kassette stoppen, um KT genug Zeit zur Beantwortung zu geben. Evtl. Korrektur durch die anderen KT, bevor die Lösung von der Kassette vorgespielt wird.
AS und Lösung Ü24: *Δ Hat er Geld? • Nein, er hat **kein** Geld. Δ Verstehen Sie mich? • Nein, ich verstehe Sie **nicht**. Δ Sieht sie ihn? • Nein, sie sieht ihn **nicht**. Δ Haben Sie ein Wörterbuch? • Nein, ich habe **kein** Wörterbuch. Δ Kennen Sie diese Firma? • Nein, ich kenne diese Firma **nicht**. Δ Ist das interessant? • Nein, das ist **nicht** interessant. Δ Brauchen Sie ein Taxi? • Nein, ich brauche **kein** Taxi. Δ Ruft er an? • Nein, er ruft **nicht** an. Δ Ist er verreist? • Nein, er ist **nicht** verreist. Δ Arbeitet er im Büro? • Nein, er arbeitet **nicht** im Büro.*
*Δ Kann er heute kommen? • Nein, er kann heute **nicht** kommen.*
AS und Lösung Ü25: *• Ich warte **nicht**. Δ Er wohnt in der Stadt. Und Sie? • Ich wohne **nicht** in der Stadt. Δ Er hat viel Arbeit. Und Sie? • Ich habe **nicht** viel Arbeit. Δ Ich gehe nach Hause. Und Sie? • Ich gehe **nicht** nach Hause. Δ Ich lese den Text. Und Sie? • Ich lese den Text **nicht**. Δ Ich gehe ins Restaurant. Und Sie? • Ich gehe **nicht** ins Restaurant. Δ Er kommt morgen. Und Sie? • Ich komme morgen **nicht**.*
*Δ Er kennt die Firma. Und Sie? • Ich kenne die Firma **nicht**.*
*Δ Er ist morgen auf der Messe. Und Sie? • Ich bin morgen **nicht** auf der Messe. Δ Ich biege rechts ab. Und Sie? • Ich biege **nicht** rechts ab. Δ Ich fülle das Formular aus. Und Sie? • Ich fülle das Formular **nicht** aus.*

KT erarbeiten in Kleingruppen 10 Verhaltensregeln: ***Was darf man als Manager nicht machen?***

26 KT einige Minuten Zeit geben, damit sie sich die Satzelemente kurz anschauen können. Bedeutung der Partikel ***unbedingt, wohl, natürlich*** im Plenum erarbeiten. Ü mündlich im Plenum, schriftlich als Hausaufgabe.
Lösung: *1. Das will ich nicht unbedingt sagen. 2. Was kann ich für Sie tun? 3. Das ist wohl wahr. 4. Das ist natürlich eine lange Zeit. 5. Damit ist wohl alles klar. 6. Das kann man wohl sagen. 7. Da bin ich nicht sicher. 8. Das tut mir leid.*

KL entwickelt mit KT Situationen/Dialoge, in denen diese Sätze angewendet werden können.

27 **Wiederholung des Perfekt:** Zur Vorentlastung die Bedeutung der Partizipien im Schüttelkasten erarbeiten, ggf. den Infinitiv nennen (lassen). KT bearbeiten Ü in Einzelarbeit. Auswertung im Plenum.

***Lösung**: 1. kennen gelernt, 2. gemacht, 3. erprobt, 4. informiert, 5. gestiegen, 6. beschlossen, 7. übernommen, 8. beteiligt, 9. gebildet, 10. vorbeigekommen, 11. gesteigert, 12. gegeben, 13. erhalten, 14. geleitet, 15. geliefert*

Einführung der **Demonstrativpronomen** ohne Buch: ***„Kennen Sie diese/n/s Frau/Mann/Unternehmen?"***. KL zeigt zur Einführung Fotos von bekannten Personen bzw. Logos von deutschen Unternehmen. KL gibt nach einigen Antworten der KT die Strukturen ***„Ja (Nein), ich kenne diese/n/s Frau/ Mann/Unternehmen (nicht).“***, ***„Diese/r/s Frau/Mann/Unternehmen ist ...“*** vor. Übersicht zur Vorstellung der Formen nutzen, Beispiel von der Kassette vorspielen.

28 Einübung der Formen in Einzelarbeit. Auswertung der Ergebnisse im Plenum.
Lösung**: 1. dies**er**, 2. dies**es**, 3. dies**e**, 4. dies**er**, 5. dies**er**, 6. dies**en

Einführung der **Adjektivdeklination** mit bestimmtem Artikel: KL wandelt die Fragen aus Ü28 um: ***„Wie teuer sind diese Computer hier?“*** und zeigt ein Bild von 2 Computern, die sich z. B. in der Farbe unterscheiden. KT antworten und KL notiert die korrigierte Antwort an der Tafel, z. B. ***„Der gelbe Computer ...“*** (entdeckendes Lernen!). Formen mit der Übersicht einführen.

KL führt an der Stelle nur die Adjektivdeklination mit dem bestimmten Artikel ein!

29 KT bereiten Ü in Einzelarbeit vor. Auswertung im Plenum. Fortgeschrittene Lerner bearbeiten Ü mündlich im Plenum.

30 Schwächeren Gruppen einige Minuten Zeit geben, damit sie sich die Sätze z. B. in Partnerarbeit anschauen können. Auswertung im Plenum. Fortgeschrittene KT nehmen die Korrekturen im Plenum vor.
***Lösung**: 3. Seit dem erst**en**, 4. Mit den alt**en** Maschinen, 6. Der neu**e** Computer, 8. Das schwer**e** Gepäck, 10. Das neu**e** Modell.*

KL bereitet einen einfachen Text mit vielen Adjektiven und eine grammatische Übersicht zur Adjektivdeklination (2) vor, in der die Endungen fehlen. KT lesen den Text in Kleingruppen und ergänzen die Endungen. KL zeigt Übersichten zur Kontrolle der Ergebnisse als Folie.

31 KT ergänzen die Endungen in Einzelarbeit. KT tauschen ihre Notizen/Bücher und korrigieren sich gegenseitig. Auswertung der Ergebnisse im Plenum.

32 KT hören den Dialog mehrfach ohne Buch und spielen ihn 1-2x nach. KL bittet KT, andere Minidialoge mit den Adjektiven aus dem folgenden Kasten und beliebigen Nomen zu spielen.

KL bereitet Bilder für die Dialoge der KT vor.

4C

33 **Wörterrätsel**: KT bearbeiten in Kleingruppen die Übung. Auswertung im Plenum.
***Lösung**: Amsterdam, Athen, Barcelona, Basel, Birmingham, Brüssel, Budapest, Bukarest, Düsseldorf, Frankfurt, Genf, Genua, Hamburg, Hannover, Helsinki, Istanbul, Köln, Kopenhagen, Linz, Lissabon, London, Madrid, Mailand, Malaga, Manchester, Marseille, Moskau, München, Nizza, Nürnberg, Oslo, Paris, Prag, Rom, Salzburg, Sofia, Stockholm, Stuttgart, Thessaloniki, Tirana, Toulouse, Turin, Warschau, Wien, Zürich*

KT in 2-3 Gruppen einteilen und Ü als Wettspiel organisieren. Schnellste Gruppe erhält für jede falsche Stadt 1 Punkt Abzug.

Die Liste zur folgenden Übung enthält sowohl die europäischen Länder - außer den 3 kleinen Staaten Liechtenstein, Monaco und Andorra - als auch die außereuropäischen Länder, die zu den 60 wichtigsten Außenhandelspartnern Deutschlands gehören.

Ländernamen: Bei national gemischten Gruppen fragt KL nach der Herkunft der KT, welche Sprache man dort spricht und wie man die Einwohner nennt. KL korrigiert und schreibt die Ergebnisse an die Tafel. Bei homogenen Gruppen kann KL z. B. fragen: ***„Mit welchen Ländern hat Ihr Unternehmen Geschäftskontakte?“***. Jeweils kurz auf die **Pluralbildung** bei den Einwohnern eingehen und auf die wenigen Ausnahmen (Länder mit Artikel) aufmerksam machen.

KL bereitet Bilder mit den Flaggen/Umrissen der Länder vor, KT nennen sie und die Bewohner (kein Geografieunterricht!).

34 KT ergänzen Endungen in Einzelarbeit. Auswertung im Plenum.

Stereotype und Vorurteile. In den meisten Fällen haben Lerner ein festes Bild über die Deutschen, das ihre Verhaltensweisen gegenüber Deutschen prägt. Oft führt das zu Missverständnissen, wenn der Gesprächspartner nicht in die Schablone passt, also kein „typischer" Deutscher ist. Sicherlich gibt es Eigenarten, die vielen Deutschen eigen sind, auf der anderen Seite sollte dem Lerner deutlich gemacht werden, dass Individualität und Vielfältigkeit genauso anzutreffen sind wie im eigenen Land. Gerade in der Wirtschaft ist es bemerkenswert, dass trotz der national geprägten Andersartigkeit viele Manager, die im internationalen Geschäft tätig sind, sich über Grenzen hinweg sehr ähnlich sind.
Übung: KL hängt Bilder von „typischen" Deutschen und anderen Nationalitäten auf und bittet KT, in einem Brainstorming ihre Assoziationen zu den Bildern zu äußern. KL notiert alle an der Tafel, steuert nicht und nimmt nur eine sparsame sprachliche Korrektur vor. Dann ***Gemeinsamkeiten und Unterschiede*** aus den Stichworten erarbeiten.

35 **Landeskunde Deutschland:** KT bearbeiten in Partnerarbeit Deutschlandkarte und Bundesländer bzw. suchen Flüsse her-
36 aus. Bei den Flüssen darauf achten, dass die grammatisch korrekte Form ergänzt wird und nicht nur der Name.
***Lösung Ü35**: Berlin, Bremen, Sachsen, Nordrhein-Westfalen, Thüringen, Hamburg, Niedersachsen, Schleswig-Holstein, Sachsen-Anhalt, Rheinland-Pfalz, Bayern, Brandenburg, Saarland, Mecklenburg-Vorpommern, Baden-Württemberg, Hessen*
***Lösung Ü36:** an der Elbe, am Rhein, an der Donau, am Neckar, an der Weser, an der Saale, an der Fulda, am Main, an der Oder, an der Mosel*

37 **Wo? Wohin? Woher?** KT ergänzen im Plenum die korrekten Fragewörter mündlich. KL macht auf die Präpositionen mit Dativ bzw. Akkusativ aufmerksam (vgl. S. 118).

Wo? Wohin? KL kopiert die Angaben aus der Übersicht, schneidet sie auseinander und verteilt sie im Plenum. An der Tafel befindet sich eine Übersicht ohne Angaben (vgl. S. 134) und KT ordnen ihre Papierschnipsel den Fragen ***Wo wohnt er? Wohin fährt er?*** zu. Gemeinsame Korrektur.

38 KT ergänzen die Formen in Einzelarbeit. Nach der Bearbeitung tauschen Tischnachbarn die Bücher für eine Vorkorrektur aus. Anschließende Auswertung im Plenum.
***Lösung Ü37**: 1. Woher, 2. Wohin, 3. Wohin, 4. Wo, 5. Wo, 6. Wo, 7. Woher, 8. Wo, 9. Wohin, 10. Woher*
***Lösung Ü38**: 1. am, 2. nach, 3. an die, 4. auf den, 5. auf die, 6. an der, 7. An der, 8. in die, 9. im, 10. in, 11. in die, 12. auf dem, 13. in, 14. am ... an der, 15. in die ... an die, 16. in, 17. im, 18. am, 19. in, 20. in die*

Die Namen der Länder und Regionen, deren Genus ein Neutrum ist, haben in der Regel keinen Artikel. Für Bewegungen (***wohin?***) sollte die Präposition ***nach*** verwendet werden, wenn der Ländername keinen Artikel hat. Die Namen einiger Ländern und Regionen sind feminin oder maskulin oder werden im Plural gebraucht. Für die Bewegung (***wohin?***) wird ***in*** + Akk. verwendet.

39 Beispiel mit KT besprechen und als Kettenübung durchführen. Nach jeder neuen Angabe Kassette stoppen, um KT genug Zeit zur Beantwortung zu geben, Korrektur durch das Plenum, bevor die Lösung von der Kassette vorgespielt wird.
***AS und Lösung**: ● Ja, er ist nach London gefahren. ∆ Wo ist er? Im Schwarzwald? ● Ja, er ist in den Schwarzwald gefahren. ∆ Wo ist er? An der Mosel? ● Ja, er ist an die Mosel gefahren. ∆ Wo ist er? Im Harz? ● Ja, er ist in den Harz gefahren. ∆ Wo ist er? Auf der Zugspitze? ● Ja, er ist auf die Zugspitze gefahren. ∆ Wo ist er? Am Genfer See? ● Ja, er ist an den Genfer See gefahren. ∆ Wo ist er? In Deutschland? ● Ja,*

er ist nach Deutschland gefahren. ∆ Wo ist er? Auf dem Land? • Ja, er ist aufs Land gefahren. ∆ Wo ist er? In der Schweiz? • Ja, er ist in die Schweiz gefahren. ∆ Wo ist er? Am Bodensee? • Ja, er ist an den Bodensee gefahren. ∆ Wo ist er? An der Elbe • Ja, er ist an die Elbe gefahren.

40 KT ordnen in Partnerarbeit die Gegenstände den Wörtern zu (mit bekannten Wörtern beginnen). Auswertung im Plenum. ***Lösung***: *stehen/stellen - 4,1,2,8,7,5,3,6; liegen/legen - 4,7,6,1,5,2,8,3; hängen(1)/hängen(2) - 4,2,1,6,5,3*

KL stellt Fragen mit ***Wo?***, ***Wohin?*** und den Verben mit den Gegenständen aus Ü40, weist mit der Zeichnung auf die Präpositionen hin und lässt KT frei antworten. KL schreibt die Frage und die korrigierte Antwort an die Tafel. Beispielsätze von der Kassette vorspielen.

41 KT ergänzen Verben in Einzelarbeit. Auswertung im Plenum. ***Lösung:*** *1. liegen, 2. liegen, 3. liegt, 4. liegen, 5. Stellen, 6. Hängen, 7. hängt, 8. stehen, 9. lege, 10. stelle*

42 Beispieldialog mit KT besprechen und als Kettenübung durchführen. Nach jeder neuen Frage die Kassette stoppen, um KT genug Zeit zur Beantwortung zu geben. Korrektur durch die anderen KT, bevor KL die Lösung von der Kassette vorspielt. ***AS und Lösung***: *• Ja, ich habe sie an die Tür gestellt. ∆ Wo hängt der Schlüssel? Im Büro? • ... ihn ins Büro gehängt. ∆ Wo liegt die Zeitung? Auf dem Stuhl? • ... sie auf den Stuhl gelegt. ∆ Wo stehen die Teller? Im Schrank? • ... sie in den Schrank gestellt. ∆ Wo liegt die Brille? Neben der Pfeife? • ... sie neben die Pfeife gelegt. ∆ Wo hängt der Mantel? Im Schrank? • ... ihn in den Schrank gehängt. ∆ Wo liegt das Geld? Unter den Zeitungen? • ... es unter die Zeitungen gelegt. ∆ Wo steht das Auto? Vor der Garage? • ... es vor die Garage gestellt. ∆ Wo steht das Wörterbuch? Hinter der Lampe? • ... es hinter die Lampe gestellt. ∆ Wo liegen die Schecks? Neben den Schlüsseln? • ... sie neben die Schlüssel gelegt. ∆ Wo liegt der Umschlag? Unter den Büchern? • ... ihn unter die Bücher gelegt.*

43 KL kopiert Bilder und Begriffe auf Folie, zerschneidet sie und lässt KT im Plenum am Tageslichtprojektor zuordnen (möglichst ohne Wörterbuch).
Lösung Ü43: *A-3; B-6; C-5; D-4; E-1; F-2*

44 In Partnerarbeit lesen KT die Anzeigen und entscheiden, an wen sie sich wenden würden. Vorher im Plenum Beispiele erarbeiten, was zu den einzelnen Bereichen gehört, z. B. ***Büromöbel: der Schreibtisch, der Schreibtischstuhl*** usw. Auswertung im Plenum.

***Lösung**: Büroplanung: VOKO; Büromöbel und Büroeinrichtung: VOKO/ASHTON/bürotronic/schulz/Kanzenel & Beisenherz/PAUL KÄMPER; Büro- und Zeichenbedarf: ASHTON/Kanzenel & Beisenherz/DEFFNER, KUGLER & Co./smc; Büromaschinen: ASHTON/smc*

KL bereitet Karteikarten mit verschiedenen Situationen vor, wie z. B. ***„Ein Kollege fliegt morgen nach ... Was sagen Sie?"*** oder ***„Es ist der letzte Arbeitstag vor Ostern. Was sagen Sie?"*** usw., verteilt sie im Plenum und lässt KT spontan darauf antworten. Antworten an die Tafel schreiben. Evtl. kurze Rollenspiele von KT entwickeln lassen. Dann Redemittel ***Gute Wünsche*** und ***Gratulieren*** von der Kassette vorspielen, um fehlende Redemittel zu ergänzen.

45 In Einzelarbeit suchen KT die Redemittel, die nicht zur Situation passen. Auswertung im Plenum, dabei nach weiteren Möglichkeiten suchen, die den Glückwunsch persönlicher machen.
***Lösung**: 1. Gute Besserung! 2. Frohe Ostern! 3. Viel Vergnügen! 4. Viel Spaß! 5. Guten Flug!*

46 **Die Familie:** KT ordnen die Sammelbegriffe im Schüttelkasten den Bezeichnungen für die Familienmitglieder zu. Evtl. weitere Familienmitglieder wie ***die Tante, der Onkel, der Cousin, die Cousine*** usw. erarbeiten, z. B. mit einem Familienstammbaum.
***Lösung**: die Eltern, die Kinder, die Geschwister, die Großeltern, die Enkelkinder, die Schwiegereltern*

4D

Auskunft S-Bahn, Auskunft Bus, Im Bus, Im Taxi: KL kopiert und zerschneidet die Dialoge in ihre Redeanteile. In Partnerarbeit setzen KT je 2 Dialoge wieder zusammen (geschlossenes Buch!). Während der Partnerarbeit legt KL eine Folie mit den 4 Zeichnungen und den Überschriften als Hilfe auf den Tageslichtprojektor und geht von Gruppe zu Gruppe, um bei Problemen zu helfen, z. B. auf Schlüsselwörter hinweisen. Auswertung im Plenum: KT lesen mit verteilten Rollen ihre Ergebnisse vor. Anschließend spielt KL Dialoge von der Kassette vor und KT korrigieren ihre Ergebnisse.

47-50 KT lesen die Dialoge und ersetzen einzelne Teile des Dialogs durch andere, die vorgegeben werden. Ermutigen Sie KT, auch eigene Ideen einzubringen.

KT verfassen in Partnerarbeit ähnliche Dialoge mit neuen Situationen, z. B. Flughafen, U-Bahn usw.

Humor: Im Plenum lesen KT den Text 1x laut vor, KL klärt neue Lexik. In Partnerarbeit schreiben KT ein kurzes Rollenspiel, das eine der Situationen wiedergibt, und spielen es dann im Plenum vor. Möglichst viele Dialoge spielen lassen.

Humor, der nicht allen Kulturen verständlich ist, könnte bei KT zu Unverständnis führen.

Konsonanten r/l: KL macht am vorangegangenen Text deutlich, dass es Aussprachevarianten von /r/ gibt und trotz verschiedener Schreibweise /l/ und /ll/ gleich ausgesprochen werden. KL spielt Beispiele mehrfach vor, KT lesen leise mit.

51 Einüben der Aussprache mit den Übungswörtern. Nach jedem Wort Kassette stoppen, um KT Zeit für die Aussprache zu geben. Evtl. mehrere KT das Wort wiederholen lassen.
***AS**: Reserven, Problem, wirklich, immer, empfehlen, Hotel, er, durch, Frankreich, Lieferant, lang, viel, Textilien, Börse, Ausstellung, kurz, wollen, September, Produkt, Straße, fragen, prüfen, Viertel, dürfen, oder, erklären, möglich, klug, Fahrzeit, erst, Leiter, Oper, Brücke, Ferien, fliegen, nur, näher, nein*

52 KL startet die Kassette und KT hören zu, ohne sich Notizen zu machen. Erst beim 2. Hören ergänzen KT die Konsonanten **l** oder **r**. Auswertung im Plenum: KT lesen Ergebnisse laut vor und die Gruppe entscheidet über den Lösungsvorschlag.
***AS**: vor, viel, Möbel, Drittel, beschließen, steigern, nur, vier, hier, fahren, leicht, liefern, Firmenliste, Material, Berlin, Artikel, über, erhalten, wiederholen, Problem*

Konsonanten m/n/ng/nk: KL schreibt z. B. Redewendungen an die Tafel, in denen schwerpunktmäßig Wörter mit der Schreibweise ***m/mm, n/nn, ng*** und ***nk*** vorkommen, lässt sie von KT im Plenum lesen und korrigiert die Aussprache. KL spielt die Beispiele von der Kassette vor, dann lesen KT die Redewendungen noch einmal. KL nimmt sie auf Kassette auf und korrigiert anschließend die Aufnahme mit KT.

53 Einüben der Aussprache. Nach jedem Wort Kassette stoppen, um KT Zeit für die Aussprache zu geben. Evtl. mehrere KT das Wort wiederholen lassen.
***AS**: notieren, Moment, morgen, Hannover, dein, stimmt, grün, mehr, Innenstadt, wenn, angenehm, Ampel, Stand, Abend, Richtung, schnell, Termin, Entschuldigung, Minute, Eingang, Kalender, Produktion, ganz, funktionieren, Kunde, Nummer, mein, Mann, Mittwoch, Mode, unbedingt, einige, allgemein*

54 KL startet die Kassette und KT hören zu, ohne sich Notizen zu machen. Erst beim 2. Hören ergänzen KT die Konsonanten **m**, **n**, **ng** oder **nk**. Auswertung im Plenum: KT lesen Ergebnisse vor und die Gruppe entscheidet über die Lösung.

AS und Lösung*: am, in, mich, nicht, nochmal, grün, Zahlung, danke, Maschine, Funk, Eingang, den, ihn, Kunde, lang, unbedingt, allgemein, Computer, Umsatz, Änderung*

55 **Denksportaufgabe** bezieht sich auf die Bezeichnungen der Familienmitglieder. In Kleingruppen lösen KT die Aufgabe. Die Gruppe, die zuerst die Lösung findet, hat gewonnen (evtl. eine Belohnung aussetzen!).
Lösung: *1. Ja, der Großvater ist der Vater der Mutter. 2. Der Schwiegersohn*

KT bitten, über die eigene Familie zu erzählen, z. B. wo Familienmitglieder leben ... (nicht zu persönlich!).

56 Wiederholung der Lektionslexik. KL kopiert Ü auf Folie und bittet KT, nach Buchstabenkombinationen zu suchen, die einen Hinweis auf fehlende Buchstaben geben, z. B. in 5 ***sc***, wo ein ***h*** ergänzt wird. Dann nach Wortteilen suchen, die erkannt werden, um so das ganze Wort zu erschließen.
Lösung: *1. Zahlungsziel, 2. Vorsicht, 3. Unternehmen, 4. Auftrag, 5. Wirtschaft, 6. Auskunft, 7. Material, 8. Entwicklung, 9. Maschine, 10. Tochtergesellschaft*

In Kleingruppen bearbeiten KT die Ü. Das Team, das am schnellsten die meisten Wörter findet, hat gewonnen.

57 **Wörterrätsel***:* Da Ü sehr schwierig und zeitaufwendig ist, bietet es sich an, sie als Hausaufgabe machen zu lassen.
Lösung: *1. Produkt, 2. Auftrag, 3. Erprobung, 4. Vertrieb, 5. Reserven, 6. Menge, 7. Fabrik, 8. Überschrift, 9. Omnibus, 10. Kunde, 11. Lieferant, 12. Wartung, 13. Fahrzeug, 14. Instandsetzung, 15. Material*

Lektion 5
Produkte

Lektionsüberblick

Texte	Fachsprachliche Dialoge: Bestellung von Büromaterial (S. 156); Informationen über ein Produkt (S. 160); Gespräch zwischen Kunde und Verkäufer (S. 166); Lesetexte: Katalog: Büromaterial (S. 153-155, S. 158); Bestellkarte (S. 157); Tischkopierer im Vergleich (S. 163/164); Werbetexte: Produktinformationen und Leistungen (Nutzfahrzeuge) (S. 170/171); Allgemeinsprachliche Dialoge: Telefonauskunft (S. 176); Tischreservierung (S. 177); Zimmerreservierung (S. 178); Im Clubhaus (S. 179)
Lexik	Bürobedarf (S. 152-158); Zeichen, Buchstaben, Zahlen (S. 159); DIN-Formate (S. 159); Zeitangaben (Anfang, Mitte, Ende, binnen ...) (S. 167); Kundenwünsche und Empfehlungen (S. 168); Abkürzungen (S. 173)
Sprechhandlungen	etwas bestellen (S. 156); etwas empfehlen (S. 168); telefonieren (Personen identifizieren/ nachfragen) (S. 169); jemanden um etwas bitten (S. 175)
Grammatik	Satzstellung in Nebensätzen (S. 161); Subjunktoren (dass, wenn, weil) (S. 161); Indirekte Fragesätze (S. 161/162); bestimmter und unbestimmter Artikel (S. 167); Genitiv (S. 167); Possessivpronomen (Nom., Akk., Dat., Gen.) (S. 167/168); Präsens der Verben mit Vokalwechsel (S. 172); jemand/niemand (S. 173); je(mals)/nie(mals) (S. 174); irgenwo/nirgendwo (nirgends) (S. 174); Situativ- und Direktivbestimmungen (S. 174/175)
Phonetik	Konsonant h, Knacklaut (S. 180)

Produkte/Artikel/Erzeugnis

Ein Produkt ist das Ergebnis einer Produktion. Produktion ist die Herstellung (Fertigung, Erzeugung) von Sachgütern bzw. Diensten. Alle Dinge, die am Ende einer Fertigungslinie stehen, nennt man daher Produkt. Viele Produkte werden zur Herstellung weiterer Produkte benutzt, z. B. Schrauben oder Klebstoffe für die Möbel-, Elektrogeräte- oder Autofertigung. Es gibt heute viele verschiedene Zulieferungsketten.

Verband man früher mit dem Begriff Produkt hauptsächlich handfeste Gegenstände, die man sehen und anfassen konnte, so hat sich im Wandel der Zeit und der Gesellschaft die Bedeutung erweitert. Auch ein Film, ein Bild, ein Kunstwerk, Konzepte oder Theorien werden heutzutage als Produkte behandelt und vermarktet.

Markenprodukte

Eine Marke macht Waren oder Dienstleistungen eines Unternehmens unterscheidbar von denen der Konkurrenz. Dabei sind Marken wie Eigennamen, sie führen zu einer „Personifizierung" des Produkts. Der Konsument kann Waren heutzutage fast nur noch anhand der Markennamen voneinander unterscheiden. Ein Markenprodukt steht zusätzlich für Qualität, Wiedererkennung und eine Art Vertrauensverhältnis zwischen Produzent und Käufer. Eingetragene Marken sind deshalb urheberrechtlich geschützt. Manche Marken sind so erfolgreich, dass sie in den Allgemeinwortschatz aufgenommen werden: z. B. Aspirin (Schmerztablette von BAYER) oder Tempo (Papiertaschentuch einer Firma gleichen Namens), Prittstift (Klebestift der Firma Henkel).

5A

	Methodisch-didaktische Hinweise	Stolpersteine und Aktivitäten
	Einstieg über Bildbeschreibungen der Fotos auf S. 151. Brainstorming: „Welche deutschen Produkte kennen Sie?".	
1	Brainstorming zum Thema Büromaterial: KT nennen alle Büromaterialien, die sie bereits kennen (KL verweist auf vorige Lektion Ü43/44). Gegenstände, die nicht allen KT bekannt sind, erklären sie sich gegenseitig. In Partnerarbeit ordnen KT die Spezifizierungen den Rubriken zu. Während der Arbeit	KL bringt Bilder von Büromaterialien in entsprechender Anzahl, wie es Rubriken bzw. Gegenstände

geht KL herum und hilft den einzelnen Gruppen, weist z. B. auf Bilder oder auf Schlüsselbegriffe hin. Auswertung im Plenum; neue Begriffe klären.
***Lösung**: 1-N; 2-H; 3-F; 4-B; 5-J; 6-C; 7-E; 8-G; 9-I; 10-L; 11-A; 12-D; 13-M; 14-K*

gibt, mit in den Unterricht.

2 Im Plenum ordnen KT gemeinsam mit KL die Bilder den Rubriken zu, die bereits aus Ü1 bekannt sind. KL lässt Gegenstände auf den Bildern beschreiben. In Partnerarbeit lesen KT die kurzen Texte und ordnen sie den Bildern zu. Vor der Partnerarbeit Abkürzungen, wie z. B. BxHxL (Breite x Höhe x Länge) klären. Auswertung im Plenum.
***Lösung**: 1-B-c; 2-C-b; 3-A-d; 4-E-a; 5-D-e*

Bestellung von Büromaterial: KL kopiert die Zeichnung mit der Überschrift aber ohne Redemittel auf eine Folie und lässt KT im Plenum kurze Dialoge sprechen. KT bekommen die Vorgaben: 200 Etiketten; 2 rote Locher; 5 Diskettenkassetten usw. Anschließend spielt KL die Dialoge von der Kassette vor.

KL bereitet Karten mit Angaben zu benötigtem Büromaterial für Rollenspiele vor. KT spielen die Rollen mit den neuen Redemitteln.

3 KL verteilt kopierte Bestellscheine für ein Rollenspiel **Telefonische Bestellung von Büromaterial:** Ein KT ruft im Lager an und bestellt, der andere nimmt die Bestellung entgegen und schreibt sie. Vor dem Rollenspiel im Plenum das Formular und die Katalogseite besprechen (neue Lexik, Abkürzungen usw.). KL greift während des Rollenspiels nicht korrigierend ein, sondern nimmt die Telefonate mit dem Rekorder auf. Anschließende Korrektur mit dem Plenum.

KL bereitet Bestelllisten für weitere Rollenspiele vor.

KT schreiben eigene Bestelllisten (auch mit Material, das nicht im Katalog ist).

***Lösung**:*

Artikel-Nr.	Artikelbezeichnung	Farbe Größe	Meng e	Einzelpreis	Gesamtpreis
32471	Blatt Schreibmaschinenpapier DIN A 4 70 g		6	30,00	180,00
9609	Farbstifte	rot	20	1,58	31,60
9611	Farbstifte	grün	10	1,58	15,80
9608	Farbstifte	rotblau	10	1,58	15,80
559	Scheren	9 Zoll	10	8,78	87,80
				Total	331,00

4 KT haben die Seite per Fax erhalten, aber einige Wörter sind unleserlich. KT ergänzen in Partnerarbeit die Textlücken so schnell wie möglich mit den Wörtern aus dem Schüttelkasten. KT darauf hinweisen, dass nummerierte Bilder den jeweiligen Textabschnitten entsprechen. Auswertung im Plenum: KT lesen den Text abschnittweise laut vor. Anschließend neue Lexik klären. Damit KT lernen, kontextuell zu arbeiten, und nicht jedes unbekannte Wort erfragen, pro KT max. 2 unbekannte Wörter fragen lassen.

Lösung: *1. Schreibtische, 2. Schubladen, 3. -schildern, 4. Schubladen, 5. Formulare, 6. -schildern, 7. Sammler, 8. Locher, 9. Schreibmaschinen-, 10. Planungs-*

Zeichen, Buchstaben, Zahlen: KL bittet KT, die Bestell- bzw. Artikelnummern für die Büromaterialien auf S. 157/158 zu lesen. KL führt dann die Bezeichnungen der Zeichen bzw. Groß- und Kleinbuchstaben und römische Zahlen ein und erinnert an Buchstabiertafel auf S. 89.

5 KL schreibt die Bestellnummern auf Karteikarten und verteilt sie im Plenum. KT diktieren sich gegenseitig die Bestellnummern und notieren sie. Auswertung: KL spielt die Kassette mehrmals vor und KT korrigieren ihre Notizen.

AS und Lösung: *1. Großes D wie Dora; Schrägstrich; großes F wie Friedrich; Bindestrich; drei; zwo; zwo; vier; sieben. 2. Zwo; sieben; Schrägstrich; drei; vier; null; Schrägstrich; eins; eins. 3. Großes C wie Cäsar; Schrägstrich; drei; fünf; eins; sieben; Bindestrich; vier; sechs; neun; acht. 4. Drei; zwo; vier; sieben; eins; kleines E wie Emil. 5. Vier; Bindestrich; drei; eins; Bindestrich; eins; sieben; Schrägstrich; zwo; eins. 6. Großes V wie Viktor; großes W wie Wilhelm; Schrägstrich; neun; sechs; null; neun. 7. Römisch neun; Schrägstrich; vier; Schrägstrich; großes C wie Cäsar. 8. Acht; eins; vier; sieben; Klammer auf; zwo; eins; Klammer zu (oder: in Klammern; zwo; eins). 9. Großes K wie Kaufmann; großes J wie Julius; Bindestrich; vier; neun; drei; sieben; Schrägstrich; kleines D wie Dora. 10. Sechs; neun; drei; drei; Schrägstrich; großes Z wie Zacharias*

KT geben sich gegenseitig eigene „Bestellnummern“ durch, notieren sie.

Normierung - DIN = Deutsche Industrie Norm
Vereinheitlichung von Einzelteilen nach Arten, Größen, Abmessungen, Typen, Begriffen. Der Deutsche Normenausschuss erarbeitet Normenvorschläge (DIN-Normen), die in den Normenblättern erklärt sind und bundeseinheitlich vorgeschrieben werden können. Wer nach Normen verkauft (DIN-Zeichen), hat sich danach zu richten, sonst liegt ein Verstoß gegen das UWG (↓ Gesetz gegen den unlauteren Wettbewerb) vor. Die Normierung führt zur Rationalisierung beim Hersteller und zur vereinfachten Bestellweise für den Käufer, der außerdem leichter verschiedene Produkte gegeneinander austauschen kann. Dadurch wiederum entsteht erhöhter Wettbewerb. Verstärkte Globalisierung führt zur Zeit dazu, dass ein Prozess der Angleichung der nationalen Normen-Systeme stattfindet, z. B. zur EN (European Norm) oder der ISO (International Standard Organisation).

6 **Welche Normen verwenden Sie in Ihrem Land?** KL führt die Informationen über deutsche DIN-Formate ein und erarbeitet diese Frage im Plenum. Die Erarbeitung hängt von der Zusammensetzung des Kurses ab. In heterogener Gruppe sehr spannend, kann die Frage in einer homogenen Gruppe schnell beantwortet sein. Zusatzfragen überlegen: **„Kennen Sie andere Normsysteme? Welche Vor-/Nachteile haben andere Normen? Wie kommen Normen zustande?“**

Informationen über ein Produkt: KT hören den Dialog 3x. Beim 2. und 3. Hören machen sie sich Notizen und spielen die Szene dann frei nach ihren Stichworten nach. Mehrere Varianten spielen lassen. Dann spielt KL den Dialog erneut von der Kassette vor, während KT im Buch mitlesen.

In Partnerarbeit erarbeiten KT mögliche Dialoge aus ihrer Arbeitswelt mit anderen Produkten und spielen sie vor.

Satzstellung in Nebensätzen: KL schreibt die Nebensatz-Konstruktionen aus dem vorigen Dialog auf Karteikarten (jedes Wort eine Karte, Verben und Konjunktionen mit einer anderen Farbe) und lässt KT in Partnerarbeit die Sätze ohne Buch wieder rekonstruieren. In der Auswertung lesen KT ihre Sätze vor, KL notiert sie an der Tafel, weist auf die Position des Verbs im Nebensatz hin und spielt die Beispielsätze von der Kassette vor, KT lesen im Buch mit.

7 KL und ein KT lesen das Beispiel, um die Aufgabenstellung zu verdeutlichen. Kettenübung: KT stellen sich gegenseitig Fragen, die sie in einen Nebensatz umwandeln. KT denken sich eigene Fragen aus, die von Nachbarn umgeformt werden. KL notiert die Nebensätze an der Tafel.
***Lösung**: 1. ..., dass man mit dem Gerät auch DIN A3-Kopien machen kann. 2. ..., dass Herr Zimmermann diese Firma kennt. 3. ..., dass die Firma genügend Reserven gebildet hat. 4. ..., dass die neuen Geräte sofort geliefert werden. 5. ..., dass die Firma Wolff diese Maschinen auch nach China ausführt.*

Einführung der **indirekten Frage.** KL kopiert die Beispiele aus der Übersicht S. 161 ohne die Konjunktionen und Fragewörter, schneidet sie auseinander und lässt KT diese aus zwei Schüttelkästen **Konjunktionen** und **Fragewörter** ergänzen. KL weist darauf hin, dass Nebensätze, die mit einem Fragewort eingeleitet werden, **indirekte Fragen** sind.

8
9 KT formen die Fragen in Partnerarbeit schriftlich um. Jedes Paar formuliert 2-3 eigene direkte Fragen. Auswertung im Plenum: KT lesen ihre Ergebnisse vor. Anschließend lesen die Paare ihre eigenen Fragen vor, die von den anderen KT umgeformt werden. Mit fortgeschrittenen Lernern bietet es sich an, die Ü mündlich im Plenum zu machen.
***Lösung Ü8:** 1. ..., wie viele Kopien er macht? 2. ..., wer solche Geräte produziert? 3. ..., wann das Gerät geliefert wird? 4. ..., was Herr Schmidt jetzt verkauft? 5. ..., wie die Vergrößerungen gemacht werden? 6. ..., welches Modell gut ist? 7. ..., woher wir die Geräte beziehen können? 8. ..., warum Herr Blohme heute nicht kommen kann?*

Ü bieten sich alternativ auch als Hausaufgabe an.

Lösung Ü9: *1. ... die neuen Etiketten sind. 2. ... die Wartung übernehmen könnte. 3. ... Stempel wir dieses Jahr bestellen sollen? 4. ... Firmen Telefax-Geräte verkaufen. 5. ... Schubladen das Modell hat. 6. ... teuer der Schreibtisch ist. 7. ... er diese Information hat. 8. ... die Geräte in Bremen montiert werden? 9. ... er kommt. 10. ... in der Niederlassung in Stuttgart produziert wird?*

10 KL spielt das Beispiel von der Kassette vor und macht die Bedeutung der Einleitung ***„Glauben Sie wirklich, dass ...?"*** (Zweifel am Wahrheitsgehalt der folgenden Aussage) deutlich. KL spielt die Aussagen vor, stoppt nach jeder Aussage und lässt einzelne KT die Fragesätze formulieren. KT korrigieren sich zunächst gegenseitig, dann spielt KL die Lösung vor.
AS und Lösung: *• ..., dass das schwierig ist? Δ Wir müssen einen Kopierer kaufen. • ..., dass wir einen Kopierer kaufen müssen? Δ Solche Geräte werden in Italien gefertigt. • ..., dass solche Geräte in Italien gefertigt werden? Δ Sie hat ihn angerufen. • ..., dass sie ihn angerufen hat? Δ Der Gewinn ist nicht gestiegen. • ..., dass der Gewinn nicht gestiegen ist? Δ Wir brauchen eine bestimmte Marke. • ..., dass wir eine bestimmte Marke brauchen? Δ Diese Firma liefert sehr schnell. • ..., dass diese Firma sehr schnell liefert? Δ Dieses Gerät ist für uns sehr günstig. • ..., dass dieses Gerät für uns sehr günstig ist? Δ Er kann den Flug um neun Uhr nehmen. • ..., dass er den Flug um neun Uhr nehmen kann?*

KT denken sich eigene Aussagen aus, die von der Gruppe umgeformt und beantwortet werden.

11 KT schreiben in Partnerarbeit kurze Dialoge. Die Frage bestimmt das Thema des Dialogs, der dann die entsprechende indirekte Frage enthält. Auswertung im Plenum: KT spielen ihre Dialoge vor.
Lösung: *1. ..., ob die Wartung einfach ist? 2. ..., ob die Firma auch andere Modelle hat? 3. ..., ob er schon im Hotel angekommen ist. 4. ..., ob das Modell fünf oder zehn Schubladen hat. 5. ..., ob die Maschine auch vergrößern kann?*

Ü bietet sich alternativ auch als Hausaufgabe an.

12 KL kopiert die Sätze auf Folie, ergänzt die Lücken mit den falschen Konjunktionen bzw. Fragewörtern und bittet KT, die Sätze zu korrigieren. KT begründen ihre Korrektur. KL weist darauf hin, dass das Verb im Hauptsatz bereits ein Indiz für die Nebensatzkonjunktion sein kann.
Lösung: *1. dass, 2. warum, 3. wenn, 4. ob, 5. weil*

Evtl. als Hausaufgabe vorbereiten lassen.

13 KL präsentiert KT als Zusammenfassung alle eingeführten Möglichkeiten eine indirekte Frage einzuleiten und erarbeitet mit KT evtl. noch weitere Varianten. Danach spielt KL das Beispiel mehrmals von der Kassette vor und bittet KT, sich gegenseitig Fragen zu einem Thema zu stellen und zu beantworten, z. B. interkulturelle Unterschiede, Unternehmen, bei denen KT arbeiten usw.

14 **Simulation**: KT bilden Kleingruppen, die jeweils kleine Firmen darstellen. Die Geschäftsführung diskutiert über neue Investi-
15 tionen, so auch über neue Kopierer. KT erarbeiten in ihren Gruppen den Text mit der Übersicht und füllen die Tabelle in Ü15 aus. Auswertung im Plenum: KT stellen ihr Ergebnis vor und begründen es.
Lösung Ü14: *Das Modell* ***FC-5*** *- macht die wenigsten Kopien pro Monat, wiegt nur 12 Kilogramm und hat dabei mit nur 15 Sekunden die kürzeste Aufwärmzeit.*
Lösung Ü15: *1. Lebensdauer des Gerätes, 2. Verbrauchskosten, 3. Kaufpreis des Kopierers*

Gespräch zwischen Kunde und Verkäufer: KL bereitet Rollenspielkarten für KT vor. Informationen für den KUNDEN: benötigtes Ladevolumen 10 bis 12 m^3, durchgehende Ladefläche, große Teile werden transportiert, wichtig: Qualität der Verarbeitung, Motorleistung? Informationen für den VERKÄUFER: Vorstellung des neuen Modells, Frage nach Ladevolumen, Empfehlung Typ RS oder RT, 5 Jahre Garantie auf Motor und Karosserie, sparsamer Verbrauch, Motorleistung: Dieselmodelle 70 bis 120 PS, wirtschaftliches Modell Turbo-Diesel RT-D.
KT bereiten in Einzelarbeit ihre Rolle mit der notwendigen Lexik vor (mit Wörterbuch) und je 2 KT spielen ohne vorherige Absprache die Szene. KL spielt anschließend den Dialog 2-3x von der Kassette vor und KT lesen mit verteilten Rollen.

Einführung des **Genitivs:** KL verweist auf den vorigen Dialog und fragt KT, worauf der Kunde besonderen Wert legt und notiert die Antwort an der Tafel: ***Qualität der Verarbeitung*** (im Text genannt). KL sammelt mit KT weitere Kriterien, die dem Kunden wichtig sind und KL schreibt sie unter Verwendung des Genitivs an die Tafel: *die Größe der Ladefläche, die leichte Verladung der großen Teile, die Sparsamkeit des Modells, die Motorleistung der Modelle, die Wirtschaftlichkeit der Modelle.* KL kopiert die vergrößerte Übersicht (S. 167 oben) ohne Artikel und lässt die bereits bekannten von KT ergänzen, die übrigen ergänzt KL.

Einführung der temporalen Angaben als Anwendungsmöglichkeit des Genitivs.

16 KT ergänzen in Einzelarbeit die fehlenden Genitivformen. Auswertung im Plenum: KT korrigieren sich gegenseitig.
Lösung: *1. der Modelle, 2. des Kopierers, 3. des Jahres, 4. der Abteilung, 5. einer Woche, 6. der Kopien, 7. des Monats, 8. der Geräte, 9. des Modells/der Woche, 10. eines neuen Motors*

KL bereitet einen Lückentext (Genitivformen fehlen) über eine fiktive Firma vor. KT ergänzen die Artikel.

Einführung von **Possessivpronomen:** KL stellt KT Fragen zu einzelnen KT: ***„Wie ist ihr/sein Name?"***, ***„Wie heißt seine/ihre Firma?"***, ***„Wie soll unser Lieferwagen aussehen?"*** (alle Possessiva in Fragen verwenden) usw. KL achtet darauf, dass KT in der Antwort das Possessivum gebrauchen und schreibt sie an die Tafel. KL kopiert die Übersicht S. 167, zerschneidet sie und lässt KT die Formen ***mein neuer Chef*** usw. in die Rubriken der Kasus und Genera einordnen.

17 KT ergänzen in Einzelarbeit die fehlenden Endungen. Auswertung im Plenum: KT korrigieren sich gegenseitig.
Lösung: *1. Ihre neuen, 2. Seine große, 3. seinen sparsamen, 4. Unsere kleinen, 5. Ihre letzte, 6. unserem neuen/der nächsten, 7. seine letzte, 8. Unsere amerikanische, 9. Ihrer italienischen, 10. seine neuen*

Kundenwünsche und Empfehlungen: Bei geschlossenem Buch erarbeitet KL mit KT Redemittel. KL fragt: ***„Sie sind in einem Geschäft und formulieren Ihre Wünsche. Was sagen Sie?"***, ***„Was sagt der Verkäufer?"***. KL sammelt die Vorschläge an der Tafel. Übersicht als Kontrolle einführen.

18 Kettenübung: KT1 formuliert Wünsche und ergänzt die Endungen, KT2 antwortet. Möglichst viele Variationen lesen lassen. KT formulieren evtl. eigene Wünsche.
Lösung: *1. einen leistungsfähigen Computer, 2. eine hochwertige Qualität, 3. einen zuverlässigen Lieferanten, 4. ein billiges Modell, 5. einfache Konzepte, 6. größere Mengen, 7. einen guten Chemiker, 8. ein schnelles Auto, 9. eine billige Marke, 10. ein kleines Unternehmen, 11. kleine Modelle, 12. eine einfache Maschine*

19 KT bereiten in Partnerarbeit stichpunktartig Verkaufsgespräche vor und spielen sie dann im Plenum vor. KL stellt z. B. Broschüren usw. von Produkten zur Verfügung, damit KT möglichst reale Situationen spielen können.

20 Wiederholung der Redemittel am Telefon. In Partnerarbeit ergänzen KT die Redemittel aus dem Schüttelkasten. Auswertung im Plenum. Dann schreiben KT kurze Telefonate mit den Redemitteln und spielen sie im Plenum vor. KT ermutigen, die Redemittel zu variieren und eigene zu verwenden.
Lösung: *1. ... mit Herrn Peters? ... mit der Einkaufsabteilung verbunden? ... dort die Einkaufsabteilung? ... Rechtsanwalt Feldmann? 2. ... spricht da bitte? ... bin ich verbunden? ... am Apparat? 3. ... Ihr Name? ... Ihre Telefonnummer? ... Ihre Adresse?*

21 **Produktinformationen:** Fortsetzung der Simulation zu Ü14/15 *Anschaffungen einer Firma*: In Kleingruppen lesen KT die Texte (pro Text eine Gruppe), vervollständigen die Übersicht und suchen auch die technischen Informationen zu den jeweiligen Transportern heraus. KL geht zu den Gruppen und hilft bei der unbekannten Lexik. Auswertung im Plenum: KT lesen die Texte laut vor und stellen ihre Ergebnisse vor. Neue Lexik erklären sich KT gegenseitig. Anschließende Diskussion darüber, welcher Transporter angeschafft werden soll.
***Lösung**: Transportleistung: MAN; Tragfähigkeit: V.A.G.; Ladevolumen: FORD; Ladefläche: FORD; Anschaffungskosten: FORD; Betriebskosten: MAN; wirtschaftlich: FORD; Qualität: FORD; Werkstoffe: MAN; Verarbeitung: MAN; Katalysator: V.A.G.; Korrosionsschutz: MAN; Langlebigkeit: FORD; zuverlässig: FORD; Fahrzeugkonzept: FORD; branchenspezifisch: MAN; branchenorientiert: MAN; Aufbauvarianten: FORD; leichtes Handling: MAN; Fahrkomfort: MAN*

22 **Präsens der Verben mit Vokalwechsel:** KL kopiert die Übersicht auf eine Folie, weist auf die Regeln hin und KT ergänzen im Plenum mit Hilfe des KL die fehlenden Verbformen.
***Lösung**: fährt, hinterlässt, lässt, liest, sieht, gibt, spricht, trifft, nimmt*

Stolpersteine und Aktivitäten: KT erstellen in Partnerarbeit Listen mit weiteren Verben mit und ohne Vokalwechsel.

23 KT ergänzen in Einzelarbeit die Verbformen. Vorkorrektur in Partnerarbeit. Auswertung im Plenum.
***Lösung**: 1. übernimmt, 2. spricht, 3. fährt, 4. trifft, 5. nimmt, 6. weiß, 7. sieht, 8. liest, 9. Entspricht, 10. gibt*

24 KL lässt die Fragen im Plenum laut lesen und frei beantworten. Dann ordnen KT in Partnerarbeit den Fragen die Antworten zu. Auswertung im Plenum.
***Lösung**: 1-d, 2-b, 3-f, 4-c, 5-e, 6-a*

25 **Abkürzungen:** Für die sehr gängigen, häufig benutzen Abkürzungen im Deutschen suchen KT die Entsprechungen in ihren Muttersprachen. KL bereitet einen Text bzw. Sätze vor, in denen die Abkürzungen fehlen, KT ergänzen die Lücken. Auswertung im Plenum.

Stolpersteine und Aktivitäten: KT formulieren Sätze mit den Abkürzungen (fortgeschrittene Lerner).

26 KL spielt die Sätze von der Kassette vor, dann lesen KT sie laut und KL korrigiert.

Einführung von **jemand - niemand, je/jemals - nie/niemals, irgendwo - nirgendwo/nirgends:** KL schreibt die Beispielsätze auf Karteikarten, erstellt an der Tafel ein Raster mit den Kategorien ***Personen***, ***Ort***, ***Zeit*** und bittet KT, die Sätze in dieses Raster einzuordnen. Entscheidung begründen und Vermutungen über die Bedeutung anstellen lassen.

Stolpersteine und Aktivitäten: KT formulieren eigene Fragen und beantworten sie gegenseitig.

27 In Einzelarbeit ergänzen KT ***niemand***, ***niemals*** oder ***nirgendwo***. Auswertung im Plenum.
Lösung: *1. niemanden, 2. niemals, 3. Nirgendwo, 4. niemals, 5. Niemand, 6. nirdendwo, 7. niemandem, 8. niemals, 9. niemanden, 10. niemals*

Wo? Wohin? KL bereitet Karteikarten mit den Plätzen (Kino, Oper usw.) vor, verteilt sie im Plenum und fragt KT, wohin sie am nächsten Wochenende gehen. KL notiert die Antworten an der Tafel. Dann fragt KT, wo sie am letzten Wochenende gewesen seien, notiert Antworten wieder an der Tafel und weist darauf hin, dass die Frage ***Wo?*** mit dem Dativ und die Frage ***Wohin?*** mit dem Akkusativ beantwortet wird.

28 KL spielt das Beispiel vor und macht daran die Aufgabenstellung klar, dann spielt KL die Fragen vor, die KT beantworten. Nach jeder Frage stoppen, um KT genug Zeit zum Beantworten zu geben.
AS und Lösung: *• Nein, er geht erst später in die Sauna. Δ Ist er schon auf dem Golfplatz? • ... auf den Golfplatz. Δ Ist er schon zu Hause? • ... nach Hause. Δ Ist er schon in der Oper? • ... in die Oper. Δ Ist er schon im Hotel? • ... ins Hotel. Δ Ist er schon auf der Messe? • ... auf die Messe. Δ Ist er schon im Gasthof? • ... in den Gasthof. Δ Ist er schon im Schwimmbad? • ... ins Schwimmbad. Δ Ist er schon im Spielkasino? • ... ins Spielkasino. Δ Ist er schon in der Bar? • ... in die Bar. Δ Ist er schon in der Kongresshalle? • ... in die Kongresshalle. Δ Ist er schon im Tagungszentrum? • ... ins Tagungszentrum. Δ Ist er schon im Büro? • ... ins Büro. Δ Ist er schon in der Diskothek? • ... in die Diskothek.*

29 KT spielen kleine Szenen. Anregungen für die Fragen können sie aus der Übersicht S. 174 unten erhalten. KT fragen sich gegenseitig und antworten.

30 Bei geschlossenem Buch bittet KL 2-3 KT höflich um einige Gegenstände (z. B. Bleistift, Buch usw.). Dann fordert KL KT auf fortzufahren. KL notiert die benutzten Formen der höflichen Bitte an der Tafel. KL beschreibt Situationen, in denen die Höflichkeitsformen benutzt werden: Fremden gegenüber vor allem, in der Öffentlichkeit (Beruf, Einkauf, bei Behörden usw.) und als Stilform, rhetorisches Mittel. Einführung der Übersicht als Kontrolle der erarbeiteten Redemittel.

KT denken sich Situationen aus: im Café, Restaurant, Hotel und spielen diese Szenen.

5D

Telefonauskunft, Tischreservierung, Zimmerreservierung, im Clubhaus: KL kopiert die Dialoge, schneidet sie auseinander, markiert den Dialoganfang und verteilt die gemischten Papierschnipsel willkürlich an vier Kleingruppen. KT hören bei geschlossenem Buch die Dialoge 1x. Jede Gruppe sucht die Redeanteile bei den anderen Gruppen zusammen, die zum eigenen Dialog gehören, und bringt sie in die richtige Reihenfolge. Auswertung im Plenum: Jede Gruppe liest ihr Ergebnis vor, zur Kontrolle spielt KL den Dialog von der Kassette vor.

31 - 34 KT lesen die Dialoge und ersetzen die schräg gedruckten Elemente durch die angegebenen. KL ermutigen, anschließend eigene Angaben zu verwenden.

5E

Humor: Im Plenum lesen KT den Text 1x laut vor, KL klärt unbekannte Lexik. In Partnerarbeit schreiben KT ein kurzes Rollenspiel, das eine der Situationen wiedergibt, und spielen es anschließend im Plenum vor. Möglichst viele Dialoge spielen lassen.

Humor, der nicht allen Kulturen verständlich ist, könnte bei KT zu Unverständnis führen.

Phonetik: Konsonant h und Knacklaut: KL macht am vorangegangenen Text deutlich, dass es Aussprachevarianten von /r/ gibt und /l/ und /ll/ trotz verschiedener Schreibweise gleich ausgesprochen werden. KL spielt Beispiele mehrfach vor, KT lesen leise mit.

35 Einüben der Aussprache: Nach jedem Wort Kassette stoppen, um KT Zeit für die Aussprache zu geben. Evtl. mehrere KT das Wort wiederholen lassen.
***AS**: Haltestelle, Umsatz, Europa, Einzelzimmer, erhalten, Unternehmen, hinterlassen, Uhr, Hotel, euch, überholen, Innenstadt, Hubschrauber, Artikel, herstellen, handeln, Arbeit, Ordnung, Änderung, haben, Abend, Haus, aus, Automat, ich, her, er, auch, Energie, Halle, alle, Obst, gehört, informieren, wiederholen, einige, ihn, hätte, gearbeitet, Elektronik, geantwortet*

36 KL startet die Kassette und KT hören zu, ohne sich Notizen zu machen. Erst beim 2. Hören ergänzen KT den Konsonanten **h**. Auswertung im Plenum: KT lesen Ergebnisse laut vor und die Gruppe entscheidet über den Lösungsvorschlag.
***AS und Lösung**: 1. hier, 2. Haus, 3. her, 4. Herr, 5. heißen, 6. überhaupt, 7. haben, 8. hinterlassen, 9. Halle, 10. hin*

37 **Simulation**: KT bilden Kleingruppen, die jeweils die Mitarbeiter einer Firma darstellen. Die Mitarbeiter planen einen Betriebsausflug: eine Golf-Woche in Österreich. Eine Hälfte der Gruppe bearbeitet den Text zum Sporthotel Seehof, die andere zum Hotel Porschehof. Nach der Kleingruppenarbeit stellt jede Gruppe der anderen Gruppe das Hotel vor. Gemeinsame Diskussion darüber, welches Hotel den Wünschen entspricht.
***Lösung**: Hotel Porschehof*

38 Wiederholung der Lektionslexik. Ü bietet sich als Hausaufgabe an. Für den Einsatz im Unterricht kopiert KL den Kasten vergrößert auf eine Folie und sucht gemeinsam mit KT nach den Wörtern. KL markiert die gefundenen Wörter auf der Folie.
***Lösung**: A6-9: Norm; B2-7: Design; B8-14: Konzept; D5-10: Papier; E2-7: Kosten; F4-11: Formular; H3-7: Preis; I1-9: Verbrauch; J3-11: Werkstoff; 2B-I: Diskette; 3A-C: Set; 4F-J: Farbe; 9A-F: Modell; 10F-I: Auto; 11D-H: Karte; 12A-G: Gewicht; 13B-H: Produkt; 14A-I: Etikett*

39 Da Ü recht schwierig ist, hilft es KT, wenn KL z. B. die einzelnen Elemente der Komposita (wie Bestellkarte) markiert. Dazu kopiert KL den Kasten auf eine Folie und markiert die Elemente farblich. In Partnerarbeit suchen KT nach den Wörtern. Auswertung im Plenum.
***Lösung**: 1. Wirtschaftlichkeit, 2. Artikelbezeichnung, 3. Anschaffungskosten, 4. Schreibmaschine, 5. Betriebskosten, 6. Niederlassung, 7. Langlebigkeit, 8. Kleinkopierer, 9. Bestellkarte, 10. Schreibtisch, 11. Verarbeitung, 12. Gesamtpreis, 13. Ladevolumen, 14. Konkurrenz*

Lektion 6
Werbung

Lektionsüberblick

Texte	Fachsprachliche Dialoge: Werbekampagne (S. 189); Produktvorstellung (S. 199); Lesetexte: Werbeanzeigen (S. 184, 186, 194-197); Literatur: Der Verkäufer und der Elch (S. 210/211); Hörtexte: Werbespots (S. 198); Allgemeinsprachliche Dialoge: Ankunft im Hotel (S. 216); Problem mit dem Zimmer (S. 217); An der Hotelbar (1) und (2) (S. 218/219)
Lexik	Wortbildung: Wörter mit „Werbe-" (S. 190); Zeitangaben (S. 192); Feiertage (S. 193); Freizeitaktivitäten (S. 200); Maßeinheiten und ihre Abkürzungen (S. 201/202)
Sprechhandlungen	etwas beschreiben (S. 201); etwas vergleichen (S. 186-188)
Grammatik	Wortbildung: abgeleitete Wörter (S. 184/185); Komparation (S. 186-188); Präpositionen mit dem Dativ (S. 191/192); Präpositionen mit dem Akkusativ (S. 191/192); Temporalangaben (S. 192); Konjugation Präsens (4): 2. Pers. Sg. und Pl. (S. 208); Personal- und Possessivpronomen (2. Pers. Sg. und Pl.) (S. 209); Präteritum (S. 212-215)
Phonetik	Konsonanten: b-p, d-t, g-k (S. 221)

Werbung

Werbung ist zu einem festen Bestandteil unseres Lebens geworden. Sie beeinflusst unser Denken und Handeln, da sie Kaufentschlüsse bestimmt, Geschmacksrichtungen prägt, Meinungen und Absichten bekanntmacht oder gar Wahlergebnisse beeinflusst. Sie gibt wohl am besten Aufschluss darüber, was im Volk gefühlt und gedacht wird. Produktwerbung ist nie universal, sondern richtet sich immer an ganz bestimmte Käufergruppen, die mit Blick auf Alter, soziale Herkunft, Einkommen, Familienstand, (kulturelle) Gewohnheiten, Bildungshintergrund usw. Gemeinsamkeiten haben.

Gerade in einem reichen Land wie der Bundesrepublik Deutschland ist Werbung für die einzelnen Unternehmen von erheblicher Bedeutung: So sind die Werbeausgaben in Deutschland in den letzten Jahren kontinuierlich gestiegen. Insbesondere in Anbetracht der Vereinigung der beiden deutschen Staaten am 3. Oktober 1990, ist eine Änderung dieses Trends über eine lange Zeit hin nicht zu erwarten. Während in den neuen Bundesländern ein großer Nachholbedarf an langlebigen Gebrauchsgütern (Autos, Farbfernseher usw.) besteht, ist in den alten Bundesländern das Versorgungsniveau - auch mit Luxusgütern - so hoch, dass die Ökonomen vielfach von sogenannten „gesättigten Märkten" sprechen. Darum versuchen die Unternehmen, durch gezielte Werbemaßnahmen, die auf wissenschaftlichen Untersuchungen über das Verbraucherverhalten basieren (Marktforschung), den Absatz zu fördern und sich gegenüber der Konkurrenz Marktanteile zu sichern.

Werbung informiert nicht nur, sondern appelliert gleichzeitig an das Gefühl, an die Instinkte und geheimen Wünsche der Verbraucher. Sie stattet die Produkte mit einem gefühlsorientierten Zusatznutzen aus, der letztendlich in einen Kaufimpuls umgesetzt werden soll. Auch gibt sich die Werbung nicht immer direkt zu erkennen, wodurch sie für den Verbraucher schwerer zu durchschauen ist. Man denke etwa an die Schleichwerbung (Productplacement) - in der Fernsehserie „Dallas" z. B. fahren die Hauptpersonen nicht zufällig Mercedes - oder an Publicrelations (PR), also eine Art Vertrauenswerbung der Unternehmen, die produktunabhängig durchgeführt wird.

Der gesamte absatzpolitische Bereich gewinnt durch die Realisierung des Europäischen Wirtschaftsraumes (EWR), der die Gebiete der Europäischen Union (EU) umschließt, an Bedeutung. Mit ca. 380 Mio. Verbrauchern handelt es sich hierbei um den größten Binnenmarkt der Welt (USA ca. 246 Mio. + Mexiko/Kanada.). Den Unternehmen bieten sich damit einerseits mehr Absatzchancen, andererseits steigt aber auch die Zahl der Konkurrenten. Sie entwickeln eine gezielte Politik, die darauf ausgerichtet ist, europaweit Absatzmöglichkeiten zu erschließen, zu sichern und auszuweiten. Eine solche planmäßig auf den Absatz gerichtete Unternehmensstrategie wird als Marketing bezeichnet und enthält neben der Werbung

noch weitere Instrumente im Produktbereich (Produktgestaltung, Design, Qualität, Service, Garantieleistungen usw.), im Vertriebsbereich (Absatzform, Absatzwege, Lagerhaltung usw.) und im Konditionsbereich (Preise, Lieferungs- und Zahlungsbedingungen).
Der EU-Binnenmarkt bringt mit Eurobrands und -styles eine Angleichung der Warenpalette und, in der Folge, auch der Werbesprache mit sich. Markenartikel, deren Verkauf u. a. durch Einheitswerbespots in verschiedenen Versionen unterstützt wird, gewinnen an Bedeutung.
Trotz aller europäischen Annäherung der Konsum- und Lebensstile bleiben die nationalen Eigenheiten erhalten. Jedes Land, jede Kultur hat einen eigenen Stil zur Beschreibung von Produkten und Unternehmen. Diese nutzt die Werbung (aus).

Vorentlastung des Themas mit einem Brainstorming: ***„Was ist Werbung?“***. KL schreibt das Wort ***Werbung*** an die Tafel und notiert alle Ideen und Vorschläge der KT kommentarlos an der Tafel. KL versucht jedoch, sie thematisch vorzusortieren. Diese Methode ermöglicht den KT, Vorwissen einzubringen und aktiviert vorhandenes Vokabular. KL erarbeitet mit den KT eine Systematik der Begriffe, z. B. wo, wann, warum, wofür usw. wird geworben?

1 KL bittet KT, sich die Werbeanzeige anzusehen und - zunächst ohne Erklärungen zur Wortbildung - die beiden Wörter zu ergänzen. Bei der Besprechung der Lösungen weist KL auf die Regeln zur Wortbildung hin.

Adjektiv: Endung ***-isch*** und Berufsbezeichnung: Endung ***-iker***

2 KL bespricht an den Beispielen die Regeln zur Wortbildung bei Nomen mit den Endungen ***-schaft***, ***-logie***, ***-nomie*** und ***-grafie*** mit den KT. KL bittet einen KT die erste Form zu ergänzen, der Nachbar fährt damit fort. Während KT die Formen nennen, schreibt KL diese an die Tafel. Einige Begriffe buchstabieren lassen.

Komparativ und Superlativ: KL bereitet eine Folie mit Gegenständen vor, die sich in Größe, Preis, Farbe usw. unterscheiden. KT beschreiben die Gegenstände und KL schreibt die genannten Adjektive in drei Spalten (Positiv, Komparativ, Superlativ) an die Tafel. Besprechung der Regeln mit Verweis auf die Formen an der Tafel mit der Übersicht der Grundregeln. KL spielt die unregelmäßigen Steigerungsformen von der Kassette vor und erklärt KT die besondere Schreibweise.

3 Nach der Einführung der Formen suchen KT in Partnerarbeit alle Steigerungsformen aus den Werbetexten und aus Ü1 heraus. Bei der Besprechung der Lösungen bittet KL KT, die jeweilige Grundform mitzunennen. KL schreibt alle Formen an die Tafel. KL und KT ergänzen anschließend gemeinsam die fehlenden Komparative bzw. Superlative.
***Lösung**: (A) Komparativ: komfortabler, leiser, zuverlässiger, umweltfreundlicher; Superlativ: zu den modernsten; (B) Komparativ: mehr, enger, früher, kürzer; Superlativ: mit dem mo-*

dernsten; (Hebel) Komparativ: besser, humaner, umweltschonender, wirtschaftlicher

4 In Partnerarbeit ergänzen KT die Komparativ- oder Superlativformen. Auswertung im Plenum.
***Lösung**: 1. am besten, 2. langsamer, 3. schneller, 4. billigeren, 5. neuestes, 6. zuverlässigeren, 7. genauere, 8. günstigeren, 9. weiter, 10. einfachster, 11. wirtschaftlicher, 12. umweltfreundlicher, 13. komfortabler/leiser, 14. meisten/weniger, 15. modernere, 16. kleinsten, 17. länger, 18. interessantesten, 19. leistungsfähigsten, 20. praktischsten*

5 Bei geschlossenem Buch spielt KL die Fragen vor, stoppt die Kassette nach jeder Frage und KT antworten. KL schreibt die Antworten an die Tafel.
***Lösung**: 1. Nein, dies ist der schnellste. 2. Nein, dies ist die leiseste. 3. Nein, dies ist der genaueste. 4. Nein, dies ist der billigste. 5. Nein, dies ist die beste. 6. Nein, dies ist das günstigste. 7. Nein, dies ist die beste. 8. Nein, dies ist das ruhigste. 9. Nein, dies ist das umweltfreundlichste. 10. Nein, dies ist der längste.*

KT spielen kurze Verkaufsgespräche, in denen der Kunde ähnliche Fragen wie in der Ü stellt.

6 **Simulation**: Bei einer Präsentation hören KT Aussagen über Produkte und stellen Fragen. KL spielt das Beispiel von der Kassette vor und macht die Aufgabenstellung klar. KL spielt die Aussagen vor und KT formulieren Fragen. Zur Kontrolle die korrekte Frage vorspielen, KT notiert sie an der Tafel.
***AS und Lösung**: • Haben Sie keinen einfacheren? Δ Dieser Motor ist sehr sparsam. • ... keinen sparsameren? Δ Dieser Tarif ist sehr günstig. • ... keinen günstigeren? Δ Dieses Angebot ist sehr interessant. • ... kein interessanteres? Δ Dieses Material ist sehr wirtschaftlich. • ... kein wirtschaftlicheres? Δ Dieser Lieferant ist sehr seriös. • ... keinen seriöseren? Δ Diese Karte ist sehr genau. • ... keine genauere? Δ Diese Qualität ist sehr gut. • ... keine bessere? Δ Dieses Auto ist sehr groß. • ... kein größeres? Δ Dieses Wörterbuch ist sehr modern. • ... kein moderneres?*

7 In Kleingruppenarbeit schauen sich KT die Übersicht in Ü14 S. 164 an. Jede Gruppe übernimmt einen Kopierer, den sie verteidigt. Zur Verdeutlichung der Aufgabe spielt KL das Beispiel vor. Diskussionsergebnis sollte das beste Modell sein.

Werbekampagne: Brainstorming als Vorentlastung. Falls kein KT aus der Branche kommt bzw. KT nur geringe Kenntnisse mitbringen, schreibt KL einige Schlagwörter an die Tafel, z. B. Zielpublikum, Anzeigen, Werbeträger, Werbemittel, und KT diskutieren darüber. Anschließend spielt KL den Dialog 1x von der Kassette vor. Beim 2. Hören machen sich KT Notizen zu einem Sprecher und immer 2 KT spielen den Dialog frei nach. Erneutes Hören des Dialogs und KT lesen ihn dann mit verteilten Rollen. Neue Lexik aus dem Kontext erschließen, noch bestehende Fragen am Ende klären.

8 In Partnerarbeit suchen KT nach Aussagen im Text, die einen Hinweis auf das Produkt geben, für das geworben werden soll. Auswertung im Plenum.
***Lösung**: Tischkopierer, Schreibmaschine, Taschenrechner, Computer*

9 KL zeichnet ein Igeldiagramm mit dem Wort „Werbe-" in der Mitte an die Tafel (auf eine Folie) und bittet KT, Komposita mit dem Anfang „Werbe-" zu bilden und zu erklären. KL schreibt die Komposita an die Tafel (Folie).

KT suchen nach möglichst vielen Komposita.

10 Im Plenum klärt KL mit KT die Bedeutung der Verben im Schüttelkasten. KL fragt nach den bereits bekannten Verben und lässt sie von KT erklären. Unbekannte Verben z. B. mit einem Beispielsatz erklären. In Partnerarbeit ordnen KT die Verben den Ausdrücken zu. Auswertung im Plenum.
***Lösung**: 1. erkundigen, 2. erzielen, 3. zusammen arbeiten, 4. entwerfen, 5. einbeziehen, 6. steigern, 7. starten, 8. informieren, 9. beteiligen, 10. ansprechen*

11 KL liest das Beispiel mit 1 KT vor und erarbeitet mit der Gruppe die Bedeutung der Einleitung ***„Wenn ich Sie richtig verstanden habe ..."*** (Zusammenfassen, Nachfragen). KT spielen die Mini-Dialoge sofort. Schwächeren Gruppen Zeit zur Vorbereitung geben.
***Lösung**: 1. ... wollen Sie die Fachpresse einbeziehen? ... dass die redaktionelle Werbung stark eingesetzt wird. 2. ... erhalten wir die Rohentwürfe in der nächsten Woche? ... dass wir die Werbekampagne so bald wie möglich starten. 3. ... ist die einfache Bedienung ein wichtiges Werbeargument? ... dass wir die vielseitigen Einsatzmöglichkeiten zeigen.*

KL bereitet weitere Aussagen auf Karteikarten vor und KT spielen die Situationen in kurzen Rollenspielen.

Präpositionen mit Dativ/mit Akkusativ: KL stellt KT Fragen, auf die sie mit einer Präposition antworten müssen und notiert die korrigierten Antworten an der Tafel. KL erarbeitet gemeinsam mit KT die Regeln. Beispiele zur Kontrolle der erarbeiteten Regeln von KT lesen lassen.

12 13 Nach der Einführung der Präpositionen ergänzen KT in Einzelarbeit die Artikel im Dativ bzw. Akkusativ (12) oder die Präpositionen (13). Auswertung im Plenum.
Lösung Ü12: *1. **der**, 2. **der**, 3. **die**, 4. **einen**, 5. **dieser**, 6. **seinen**, 7. **die**, 8. **welcher**, 9. **unser**, 10. **die***
Lösung Ü13: *1. **ohne** redaktionelle/**mit** einem großen, 2. **seit** einer, 3. **um den** billigsten, 4. **für** unser, 5. **mit** großen amerikanischen, 6. **zu** seinen vielen österreichischen, 7. **für** Ihren neuen, 8. **seit dem** letzten*

KL bereitet aus einem beliebigen, für das Niveau geeigneten Text einen Lückentext vor, aus dem er alle Artikelwörter entfernt. KT ergänzen die fehlenden Artikel.

Wann? KL schreibt Zeitangaben ohne Präpositionen auf Karteikarten, verteilt sie im Plenum und fragt KT: ***„Wann fahren Sie in Urlaub?"*** usw. KT antworten entsprechend der Angaben auf der Karte. KL schreibt Präpositionen an die Tafel und ordnet die Antworten den jeweiligen Präpositionen zu, sodass sich eine Übersicht ergibt.

Feiertage. KL kopiert einen Kalender mit den Feiertagen und fragt KT, was man an diesen Feiertagen alles machen kann (z. B. Freunde besuchen, ausschlafen, faulenzen, Bücher lesen usw.), um die Präpositionen einzuführen. Nur kurz thematisieren, da Ü16 ausführlicher darauf eingeht.

14 In Partnerarbeit ergänzen KT die Präpositionen. Auswertung im Plenum.
Lösung: *1. am/dem (den), 2. im, 3. Zur, 4. um, 5. am, 6. Im, 7. am, 8. Im, 9. Im, 10. Zu/An, 11. Zu (An)/am, 12. am/in*

15 KL spielt die erste Angabe von der Kassette vor und bittet KT, einen Satz zu formulieren, als Kettenübung durchführen. Nach jeder Angabe Kassette stoppen, um KT genug Zeit zur Beantwortung zu geben.
AS und Lösung: *(in Urlaub fahren) Im Juli fahre ich in Urlaub. (Sommer) Im Sommer fahre ich in Urlaub. (Werbetexte schreiben) Im Sommer schreibe ich Werbetexte. (Herrn Müller treffen) Im Sommer treffe ich Herrn Müller. (neun Uhr) Um neun Uhr treffe ich Herrn Müller. (nach Wien fliegen) Um neun Uhr fliege ich nach Wien. (Ostern) Zu Ostern fliege ich nach Wien. (einen Kollegen besuchen) Zu Ostern besuche ich einen Kollegen. (Abend) Am Abend besuche ich einen Kollegen.*

16 KL bittet KT aufzuschreiben, welche wichtigen Feiertage es in ihrem Land gibt. Im Plenum nennen KT die Feiertage, die sowohl in Deutschland als auch in ihrem Land gefeiert werden. Sie vergleichen (auch untereinander), wie diese Tage gefeiert werden und was man an diesen Tagen macht. KL initiiert ein Gespräch im Plenum und ist selbst nur Gesprächsleiter.

17 **Simulation**: KT wollen sich ein Handy kaufen. In Partnerarbeit lesen sie die Texte und bearbeiten die Tabelle. KL hilft den

KT entwerfen eine Anzeige für ein

Gruppen bei unbekannten Wörtern (z. B. Erschließung aus dem Kontext). Auswertung im Plenum.
***Lösung**: Produkt im Mittelpunkt: Nokia, AEG; kurzer Slogan: AEG, Ericsson; Anzeige assoziiert Dinge ...: Nokia, AEG, Ericsson*

Handy, z. B. eine Collage der besten Elemente aus den Anzeigen, evtl. mit eigenen Texten.

18 KL kopiert Bilder der Anzeigen und die Slogans auf eine Folie, schneidet die Texte auseinander. KT lesen die Texte im Plenum und machen Vorschläge, welcher Text zu welchem Bild gehört. KL legt den Text zum vorgeschlagenen Bild und lässt KT ihre Meinung begründen.
***Lösung**: 1-C, 2-D, 3-B, 4-A*

KT überlegen sich eigene Texte (entweder vor oder nach der Zuordnung der Bilder zu den Texten).

19 KL klärt mit KT die Bedeutung der Begriffe in der Tabelle, KT hören alle Spots 1x, ohne die Tabelle zu bearbeiten. Erst beim 2. Hören kreuzen sie an, für welches Produkt geworben wird. Evtl. beim 3. Durchgang machen sich KT Notizen, welche Begriffe im Spot zu ihrer Entscheidung geführt haben. Auswertung im Plenum.
***Lösung**: Getränke - Text 1, 5 und 6; Kosmetikartikel - Text 2; Waschmittel - Text 4; Presse - Text 3*
***AS: 1. Löwenbräu alkoholfrei:** Ich mag entscheiden, was mir schmeckt. Hab alkoholfrei für mich entdeckt. Ich mag den Biergeschmack, der alles ist, süffig und rund, bei dem man nichts vermisst, und - ich mag Löwenbräu. Löwenbräu alkoholfrei. Ein Bier wie Bayern. **2. Pump and Spray:** Jetzt gibt es ein Haarspray, das keine Kompromisse macht: „Pump and Spray", neu von Shamtu. Erst pumpen - reine Luft, dann lange sprayen, mikrofein. „Pump and Spray" sprüht so mikrofein wie ein klassisches Haarspray und ist dabei so umweltverträglich, weil es ohne Treibgas arbeitet. Endlich gibt es ein Haarspray, das keine Kompromisse macht. „Pump and Spray". Neu von Shamtu. Sprüht mikrofein mit reiner Luft. **3. Hörzu:** Kann das Fernsehen über alles Wichtige informieren? Nein. Kann „Hörzu" da helfen? Aber ja! Lesen Sie von dramatischen Ereignissen und Entwicklungen, für die auf dem Bildschirm kein Platz ist. Wo? Jetzt in der neuen „Hörzu". **4. Ariel:** • Ist Ihr Waschmittel wirklich seinen Preis wert? Ariel fragte Frauen beim Einkaufen. Δ Wenn Sie meinen, Sie müssen das Billige einkaufen, dann machen Sie das. • Was ist denn damit nicht o.k.? Δ Bei den Billigen muss ich teilweise sogar zweimal waschen, und das find' ich nicht in Ordnung. • Und wie ist das mit Ariel? Δ Das Wichtige ist einfach, dass Ariel meine Wäsche bei einmal Waschen total sauber kriegt. Es kriegt auch sehr hartnäckige Flecken, wie Obst und Fett, raus, und das auch schon bei niedrigen Temperaturen. Also, es rentiert sich. Es ist einfach top. Δ Ariel ist seinen Preis wert. Wäscht nicht nur sauber, sondern rein.*

__5. Apollinaris:__ Mineralwasser ist gesund. Täglich davon zu trinken, sowieso. Kaum einer, der sich Gedanken macht, aus welcher Quelle sein Wasser sprudelt. Dabei ist die Tiefe der Quelle maßgeblich für die Mineralisation eines Wassers. Worauf es bei Mineralwasserquellen ankommt, sagt Ihnen Apollinaris. Schreiben Sie an Apollinaris. 20712 Hamburg. Kennwort: Aus dieser Quelle trinkt die Welt. __6. Eku:__ Hallo, liebe Bierkenner, wollen Sie wissen, wie frisch so ein feinherbes Hopfinger alkoholfrei von der ersten Kulmbacher Aktienbrauerei schmeckt? Na, überrascht? Eku Hopfinger alkoholfrei ist eben ein Pils, bei dem der Kopf klar bleibt. Eku Hopfinger alkoholfrei. Immer in bester Gesellschaft.

20 KL klärt mit KT die Bedeutung der Wörter im Schüttelkasten und spielt die Spots noch einmal vor. KL stoppt nach jedem Spot und in Partnerarbeit ordnen KT die Begriffe den Spots zu. Auswertung im Plenum.
***Lösung**: Text 1: alkoholfrei, süffig und rund; Text 2: mikrofein, umweltverträglich; Text 3: alles Wichtige, informieren; Text 4: seinen Preis wert, total sauber; Text 5: gesund, Quelle; Text 6: frisch, feinherb, alkoholfrei*

Produktvorstellung: Zur Vorentlastung der technischen Termini fragt KL KT, was ihnen beim Kauf eines Autos wichtig ist (z. B. Beschleunigung, Katalysator usw.) und notiert alles an der Tafel. KL kopiert den Dialog und entfernt jeweils die 2. Hälfte des Redeanteils, z. B. ***„So, Herr Friedmann, jetzt kennen Sie ...“***. Die 2. Hälfte erhalten KT auf Papierschnipseln und ein Arbeitsblatt mit den Anfängen des Dialogs in der richtigen Reihenfolge. KL spielt den Dialog 2-3x vor und in Partnerarbeit ordnen KT die Papierschnipsel den Anfängen zu. KT lesen ihre Ergebnisse mit verteilten Rollen vor. Falls keine Gruppe den Originaltext herstellen konnte, 1-2 Lesedurchgänge des Textes im Buch. Unklare Wörter jetzt klären.

Vorentlastung: KL bringt eine Zeitungsanzeige für ein Auto mit, in der die technischen Begriffe enthalten sind.

gern/lieber/am liebsten: KL äußert eigene Wünsche, z. B. ***„Ich möchte gern einen Mercedes, aber lieber möchte ich einen BMW und am liebsten möchte ich einen Porsche. Und Sie?“***. KL fordert KT auf, nach dem gleichen Muster ihre Wünsche zu äußern, notiert sie an der Tafel und unterstreicht ***gern, lieber, am liebsten***.

21 In Einzelarbeit ergänzen KT ***gern*** oder ***lieber***. Auswertung im Plenum.
***Lösung**: 1. lieber, 2. gern, 3. gern, 4. lieber, 5. lieber, 6. lieber, 7. gern, 8. lieber, 9. lieber, 10. gern*

22 KL kopiert die Bilder ohne Verben auf eine Folie, KT ergänzen die Verben und nennen weitere Freizeitaktivitäten. Dann wäh-

KT berichten von ihren Lieblingsaktivi-

len KT 2-3 Möglichkeiten und sagen, was sie am Wochenende am liebsten machen.
***Lösung**: Am Wochenende spiele ich am liebsten Golf./... spiele ich am liebsten Tennis./... schwimme ich am liebsten./... fahre ich am liebsten Rad./... lese ich am liebsten./... sehe ich am liebsten fern./... treffe ich am liebsten Freunde./... arbeite ich am liebsten im Garten./... fahre ich am liebsten aufs Land./... ruhe ich mich am liebsten aus./... gehe ich am liebsten spazieren.*

täten im Urlaub. KL schreibt die neue Lexik an die Tafel.

23 KL kopiert Bilder mit Freizeitaktivitäten und Kalenderblätter, verteilt sie im Plenum. In Einzelarbeit schreiben sich KT einige Termine in den Kalender. Vor dem Plenum verabreden sich je 2 KT in Rollenspielen für das Wochenende: Beide müssen sich auf eine der Aktivitäten und einen Termin einigen.

24 KT lesen die Übersicht im Plenum vor und ergänzen die Liste der Abkürzungen mit deren Beschreibungen. Unbekannte Wörter werden im Plenum geklärt.
***Lösung**: m - Meter, l - Liter, kg - Kilogramm, m - Meter, m^3 - Kubikmeter, km - Kilometer, m - Meter*

25 KL bittet KT, den Text im Plenum laut vorzulesen. In Partnerarbeit schreiben KT einen vergleichbaren Text über den Airbus A 310-300. Auswertung im Plenum.

KL erarbeitet gemeinsam mit KT eine Liste der ihnen bereits bekannten **Maßeinheiten**. KT werden in der Regel die Abkürzungen kennen, so dass KL nur den entsprechenden deutschen Begriff angeben muss.

26 27 KL bittet KT, das jeweilige Beispiel vorzulesen. Dann beschreiben KT im Plenum die Ausmaße der Kisten bzw. Räume. KT korrigieren sich gegenseitig.

KL bringt zur Berechnung des Rauminhalts einen Taschenrechner mit.

28 KL spielt die Maßeinheiten 1x vor, ohne dass KT sich Notizen machen, beim 2. und 3. Hören notieren KT die Zahlen. Auswertung im Plenum.
***AS und Lösung**: 4,50 m, 90 km/h, 3 m^2, 50 m^3, 100 km, 20 kg, 5 l, 15 mm, 200 g, 40.000 km^2, 250 hl, 20 cm, 2 cl*

6C

29 KL kopiert Ü auf eine Folie und lässt KT im Plenum die Substantive von den Adjektiven ableiten. Dann suchen KT nach weiteren Substantiven mit den Endungen ***-heit*** und ***-keit***, die KL auf der Folie notiert.
***Lösung**: die Neuheit, die Sicherheit, die Schwierigkeit, die Zuverlässigkeit, die Langsamkeit, die Wirtschaftlichkeit*

Die Nomen auf ***-heit*** und ***-keit*** sind im Deutschen extrem zahlreich. Die Adjektive auf ***-ig*** und ***-lich*** bilden das Substantiv immer, indem sie die Endung ***-keit*** anhängen. Diese Nomen sind immer feminin.

30 KL bittet KT, den Text vorzulesen. Im Plenum überlegen KT gemeinsam, welches der Substantive aus Ü29 hier fehlt.
***Lösung**: die Sicherheit*

31 KL klärt mit KT die Bedeutung der Nomen bzw. Ausdrücke, dann lesen KT die Texte laut vor. In Partnerarbeit suchen KT die zu den Nomen bzw. Ausdrücken passenden Adjektive und Adverbien. Auswertung im Plenum.
***Lösung**: ökologisch, innovativ, intelligent, dynamisch, attrakiv, modern, neu, neuartig, optimal, zukunftsweisend, citynah, bundesweit, experimentierfreudig, energiesparend, erfolgreich, hochwertig, einzigartig, einmalig*

KT sind Investoren, die nach einem Standort für ein Projekt suchen. KT diskutieren über die beiden Städte und müssen sich auf eine einigen.

Duzen oder siezen? Die Anrede der Kollegen bzw. Vorgesetzten mit dem Vornamen gehört in Deutschland nicht zum Regelfall. Und selbst Kollegen, die bereits seit Jahren zusammen arbeiten, reden sich nach wie vor mit ***Herr*** bzw. ***Frau*** an. Bei jüngeren Kollegen macht sich allerdings der anglo-amerikanische Einfluss bemerkbar, d. h. sie reden sich eher mit dem Vornamen an. Dieses komplexe Gebiet der sozialen Interaktion bereitet vielen ausländischen Mitarbeitern deutscher Unternehmen große Probleme, da sie diese formale Distanz oft als Kälte oder gar Antipathie missdeuten. Ebenso schwierig ist es für viele, mit dem formalen ***Sie*** und dem informellen ***Du*** umzugehen. Die Anrede mit ***Sie*** wird bei Personen gebraucht, die man mit dem Nachnamen anredet, während die Anrede mit ***Du*** mit dem Vornamen einher geht. Um Fehler zu vermeiden, ist es ratsam, sich den Gepflogenheiten der Kollegen anzupassen.

du, ihr und Sie: KL kopiert die Bilder auf eine Folie, entfernt die entsprechenden Texte und präsentiert sie auf einer 2. Folie. KT ordnen die Sätze den Bildern zu. KL spielt die Sätze zur Kontrolle von der Kassette vor.

Was sagt man wann? KL kopiert die Übersicht auf Folie, entfernt die Angaben ***du, ihr, Sie*** und KT ergänzen sie im Pleum. Zur Korrektur legt KL Folie mit den Angaben auf.

32 In Partnerarbeit entscheiden KT, welche Anrede sie in den Situationen, die auf den Bildern dargestellt werden, wählen würden. Auswertung im Plenum.
***Lösung**: Sie - du - du - Sie; Sie - ihr - ihr - Sie*

33 KL bittet KT, über die Gepflogenheiten der Anrede im eigenen Land zu erzählen: Wann man sich duzt bzw. siezt oder falls es keine explizite Form des **Du** bzw. **Sie** gibt, welche anderen Formen der Distanz bzw. Nähe üblich sind. KT vergleichen Situationen in den einzelnen Ländern und entscheiden, wie man sich in Deutschland anreden würde.

Konjugation Präsens: du/ihr. KL bittet KT, sich die Sätze zu den Bildern auf S. 206 oben noch einmal anzusehen und auf die Verbindungen zu achten. KL schreibt die Formen ***du hast*** und ***ihr kommt*** an die Tafel und lässt KT einige Verben in der 2. Pers. Sg. und Pl. konjugieren. KL bespricht die Übersicht S. 208 zur Kontrolle der erarbeiteten Ergebnisse.

34 Im Plenum nennen KT die korrekten Verbformen und notieren sie im Buch. KT korrigieren sich gegenseitig.
***Lösung**: du arbeitest/ihr -et; du bittest/ihr -et; du antwortest/ ihr -et; du liest/ihr lest; du weißt/ihr wisst; du fährst/ihr fahrt; du siehst/ihr seht; du triffst/ihr trefft; du schreibst/ihr -t; du notierst/ihr -t; du musst/ihr müsst; du sollst/ihr -t; du fragst/ihr -t; du kennst/ihr -t*

35 KL spielt die Beispiele vor, um die Aufgabe zu verdeutlichen. Dann spielt KL die Sätze vor, KT1 formuliert im Plenum die Frage und KT2 beantwortet sie. KL stoppt die Kassette nach jedem Satz.
***AS und Lösung:** 1. Δ Ich lerne jetzt Französisch. • Warum lernst du denn jetzt Französisch? 2. Δ Wir müssen früh nach Hause gehen. • Warum müsst ihr ... 3. Δ Wir bleiben eine Woche länger in Berlin. • Warum bleibt ihr ... 4. Δ Ich bin heute müde. • Warum bist du ... 5. Δ Ich lese diese Texte nicht. • Warum liest du ... 6. Δ Ich spreche nicht mit ihm. • Warum sprichst du ... 7. Δ Wir haben nicht angerufen. • Warum habt ihr ... 8. Δ Ich wende mich an eine polnische Firma. • Warum wendest du dich ... 9. Δ Wir freuen uns nicht darüber. • Warum freut ihr euch ... 10. Δ Ich darf nichts darüber sagen. • Warum darfst du ...*

Deklination der Personalpronomen: KL bittet KT das Gedicht laut vorzulesen und führt dann die Personalpronomen im Akkusativ bzw. Dativ ein.

36 In Einzelarbeit ergänzen KT die Pronomen. Auswertung im Plenum. Fortgeschrittene KT ergänzen sie sofort im Plenum.
***Lösung:** 1. dir, 2. euch, 3. ihr, 4. ihr, 5. du/dich, 6. Du/dich, 7. ihr, 8 euch, 9. Ihr/euch, 10. du*

Possessivpronomen: KL kopiert die Übersicht ohne die Angaben ***dein neuer Chef*** usw. auf eine Folie, schreibt diese neben die Übersicht und lässt sie von KT ergänzen. KL zeigt zur Kontrolle der Ergebnisse die ursprüngliche Übersicht.

37 In Einzelarbeit ergänzen KT die Pronomen. Auswertung im Plenum. Fortgeschrittene KT ergänzen sie sofort im Plenum.
***Lösung:** 1. -en -en, 2. -re -e, 3. -er, 4. -er -es, 5. -er -er, 6. -e -e, 7. -er -es, 8. -e -e, 9. -en -en, 10. -e -en*

38 In Kleingruppen suchen KT alle bereits bekannten Wörter heraus. Unbekannte Begriffe erklären sich KT gegenseitig, sofern sie mind. einem KT bekannt sind. KT schlagen restliche Wörter im Wörterbuch nach. Auswertung im Plenum: KT erklären die Bedeutung der Wörter auf Deutsch.

39 In Kleingruppen lesen KT die Abschnitte und bringen sie in die richtige Reihenfolge. Zur besseren Bearbeitung der Aufgabe kopiert KL für jede Gruppe den Text und schneidet die Abschnitte auseinander. KL geht von Gruppe zu Gruppe und gibt Hilfestellungen (z. B. Hinweise auf Schlüsselwörter usw.). Ü ist sehr zeitintensiv. Auswertung im Plenum.
Lösung: *c, j, m, f, q, p, o, d, n, i, r, k, a, h, e, g, l, b*

Präteritum (1): KL bittet KT, in Partnerarbeit die Verben im Elch-Text zu unterstreichen und dann im Plenum vorzulesen. KL notiert sie auf einer Folie und weist darauf hin, dass es die Präteritumformen sind. KL lässt KT Vermutungen über die Bildung des Präteritums anstellen und führt dann mit der Übersicht die Formen der Modal- und Hilfsverben ein.

40 KT ergänzen im Plenum die Formen der in Klammern angegebenen Verben im Präteritum. KL schreibt die korrigierten Formen an die Tafel.

Präteritum (2): Mit Hinweis auf das Präteritum der Modalverben lässt KL nun KT bei geschlossenem Buch die Formen für die regelmäßigen Verben ***fragen, antworten*** und ***rechnen*** an der Tafel entwickeln. Zur Kontrolle vergleichen KT ihre Ergebnisse mit der Übersicht auf S. 213.

41 KL bittet KT das Beispiel vorzulesen und macht die Aufgabe deutlich. Dann bilden KT von den ersten 5 Verben jeder Verbgruppe die Stammformen, die übrigen Verben bearbeiten KT als Hausaufgabe.

KT bilden Sätze mit den Verben.

KT suchen sich 10-15 Verben aus und schreiben eine kurze Geschichte.

42 In Partnerarbeit bilden KT Sätze im Präteritum. Auswertung im Plenum.
Lösung: *1. ... interessierten ihn nicht. 2. ... leitete er noch die Abteilung. 3. ... startete die Werbekampagne. 4. ... entschuldigten uns. 5. ... wohnte ich in Düsseldorf. 6. ... erzählte diese Geschichte immer sehr gerne. 7. ... schickten ihn nach Frankfurt. 8. ... schaute im Katalog nach.*

Präteritum (3): KL bittet KT in der Liste der Präteritumsformen (auf der Folie!) aus dem Elch-Text alle bereits bekannten Formen zu streichen. Zu den restlichen Formen nennen KT die Infinitive, die KL hinter dem jeweiligen Präteritum no-

KT ergänzen die Liste der Stammformen mit weiteren, bekannten Verben.

tiert. KT suchen nach Verben, die ihr Präteritum nach einem gemeinsamen Muster bilden. Zur Kontrolle der im Plenum erarbeiteten Ergebnisse bespricht KL die Konjugationstabelle und die Stammformen mit den Regeln auf S. 214.

43 In Einzelarbeit ergänzen KT die Präteritumformen der in Klammern angegebenen Verben. Auswertung im Plenum. Fortgeschrittene KT ergänzen die Formen sofort im Plenum.
Lösung: *1. kam, 2. sprach, 3. verstand, 4. las, 5. sah, 6. ging, 7. vergaß, 8. rief ... an, 9. schrieb, 10. flog*

Präteritum (4): KL führt mit dem Kasten (S. 215) die Gruppe der Mischverben ein, d. h. Verben, die ihr Präteritum mit einem Vokalwechsel bilden, im Partizip II jedoch zusätzlich die Signale der regelmäßigen Verben (***ge-*** und ***-t***) aufweisen.

44 In Partnerarbeit kreuzen KT in der Übersicht an, welche Personen zu welcher Präteritumform passen. Auswertung im Plenum.
Lösung: *dachte - ich, er/sie/es; gab - ich, er/sie/es; nahmen - wir, Sie, sie (Pl.); traft - ihr; brachtest - du; stand - ich, er/sie/es; sahst - du; hörten - wir, Sie, sie (Pl.); ließt - ihr; kanntet - ihr*

6D

Ankunft im Hotel. Problem mit dem Zimmer. An der Hotelbar (1). An der Hotelbar (2): KL kopiert die Zeichnungen zu den Dialogen, verteilt sie im Plenum und lässt KT die Bilder beschreiben. Anschließend schreiben KT in Partnerarbeit kurze Dialoge zu 2 der Situationen. Nach der Partnerarbeit spielen einige KT ihre Dialoge im Plenum vor. Erst dann spielt KL die Dialoge 2x von der Kassette vor (bei geschlossenem Buch). Beim 3. Durchgang hören KT nur eine Rolle und spielen die andere frei nach. Anschließendes Lesen der Dialoge in verteilten Rollen. KL klärt evtl. noch unklare Lexik.

45 - 48 KT lesen die Dialoge und ersetzen die schräg gedruckten Elemente durch die angegebenen. KT ermutigen, anschließend eigene Angaben zu verwenden.

Je 2 KT wählen ein Thema und bereiten einen eigenen Dialog vor.

6E

Humor: Im Plenum lesen KT den Text 1x laut vor, KL klärt unbekannte Lexik. In Partnerarbeit schreiben KT ein kurzes Rollenspiel, das eine der Situationen wiedergibt, und spielen es im Plenum vor. Möglichst viele Dialoge spielen lassen.

KL kopiert den Slogan auf eine Folie. Im Plenum liest KT den Slogan vor und KT sammeln in einem Brainstorming alles, was in ihrem Land verboten, ungesetzlich ist, was als ungesund gilt und was dick macht. KL notiert alle Vorschläge an der Tafel.

49 KL macht die Aufgabenstellung im Plenum deutlich und in Kleingruppen entscheiden KT, welche Dinge ihrer Meinung nach in Deutschland verboten sind, welche als ungesund oder unmoralisch betrachtet werden. Auswertung im Plenum.
Lösung: *verboten - falsch parken, links fahren, ruhestörender Lärm, ein Ladengeschäft sonntags öffnen; ungesund - rauchen, gestresst leben, viel Alkohol trinken; unmoralisch - lügen, jemanden denunzieren, seinen Ehepartner betrügen*

50 **Denksportaufgabe:** In Kleingruppen lösen KT die Aufgabe. Die Gruppe, die zuerst die Lösung findet, hat gewonnen.
Lösung: *1. Sie lassen beide Uhren zusammen anlaufen. Nach sieben Minuten beginnen Sie das Gericht zu kochen. Nach Ablaufen der restlichen vier Minuten auf der 11 Minuten-Uhr drehen Sie diese um. Nach weiteren elf Minuten hat das Gericht dann genau 15 Minuten gekocht. 2. 0,50 DM*

KL schreibt die Begriffe aus der Übersicht und evtl. weitere Beispiele auf Karteikarten, zeichnet eine Tabelle mit den 6 Spalten der Aussprachemöglichkeiten an die Tafel und bittet KT, die Begriffe in eine der Spalten einzuordnen. Dann spielt KL zur Kontrolle die Beispiele von der Kassette vor und KT korrigieren ihre Zuordnungen.

Am Ende eines Wortes werden b, d und g wie p, t und k ausgesprochen.

51 KL spielt die Wörter von der Kassette vor, während KT nur zuhören; beim 2. Hören stoppt KL die Kassette nach jedem Wort und bittet mehrere KT, sie zu wiederholen.
Lösung: *werben, sind, glauben, entscheidend, Entwurf, freundlich, Moment, neben, reden, Konzept, bald, ab, gegen, Mittag, Garten, Land, Dienstag, Kontakt, Freund, halb, fragen, Abend, Bruder, Paket, Produkt, Fahrzeug, Bild, Leiter, leider, vergleichen, oben, Schwimmbad, breit, Geld, Umschlag, Automat, Berg*

52 KL spielt die Wörter von der Kassette vor, während KT nur zuhören. Beim 2. Hören stoppt KL die Kassette nach jedem Wort und KT schreiben die Wörter. Bei schwächeren Gruppen Wörter 3x vorspielen, um Möglichkeit zur Korrektur zu geben. Auswertung im Plenum: KL lesen die Wörter vor und buchstabieren sie, KL schreibt sie an die Tafel.

Lösung: *Abend, Technik, täglich, Produkt, Gelände, Vormittag, Sonntag, Auftrag, Elektronik, direkt, betragen, Katalog, Kontakt, Triebwerk, Flughafen, Automat, Torte, Lieferant, entscheidend, bald*

53 Wiederholung der Lektionslexik. KL kopiert die Liste vergrößert auf eine Folie und sucht mit KT nach den Wörtern. KL notiert die Lösungen auf der Folie.
Lösung: *1. wichtig, 2. billig, 3. schwierig, 4. günstig, 5. zuverlässig, 6. leistungsfähig, 7. vielseitig, 8. lustig, 9. langweilig, 10. serienmäßig, 11. hochwertig, 12. einzigartig, 13. einmalig, 14. tüchtig / 1. praktisch, 2. technisch, 3. theoretisch, 4. technologisch, 5. ökonomisch, 6. elektrisch, 7. dynamisch, 8. unmoralisch, 9. ökologisch, 10. soziologisch / 1. professionell, 2. originell / 1. innovativ, 2. attraktiv / 1. wirtschaftlich, 2. umweltfreundlich, 3. sportlich*

Ü bietet sich alternativ als Hausaufgabe an.

54 Da Ü recht schwierig und damit auch zeitintensiv sind, bietet es sich an, diese von KT als Hausaufgabe machen zu lassen. Für den Einsatz im Unterricht macht KL von den Silben vergrößerte Kopien, schneidet sie auseinander und KT setzen sie in Partnerarbeit zu den Wörtern zusammen. Das Auseinanderschneiden ermöglicht ein spielerisches Ausprobieren der Kombinationsmöglichkeiten.
Lösung: *Benutzerfreundlichkeit, Reisegeschwindigkeit, Werbeanzeige, Werbekampagne, Fachpresse, Zuwachsrate, Zielpublikum, Großraumflugzeug*

Test 1 / 2

1. **Schreiben Sie bitte in jede Lücke das passende Wort.**

   Öffnungszeiten
   Informationen
   vereinbaren
   verantwortlich
   Firma

2. **Schreiben Sie bitte in jede Lücke das passende Wort.**

   Ja/bitte
   Können/gern
   Kunde/stimmt
   Name/kennen zu lernen
   Entschuldigen/schaue

3. **Schreiben Sie die folgenden Summen in Buchstaben, wie bei einem Scheck.**

   DM 25,-: fünfundzwanzig Mark
   DM 493,-: vierhundertdreiundneunzig Mark
   DM 116,-: hundertsechzehn Mark
   DM 31,-: einunddreißig Mark
   DM 6650,-: sechstausendsechshundertfünfzig Mark

4. **Wann treffen wir uns? Schreiben Sie die Zahlenangaben in Buchstaben.**

   22.30 Uhr: um halb elf (um zweiundzwanzig Uhr dreißig)
   8.15 Uhr: um Viertel nach acht (um acht Uhr fünfzehn)
   14. September: am vierzehnten September
   1. April: am ersten April
   25. Oktober: am fünfundzwanzigsten Oktober

5. **Ergänzen Sie die passenden Verbformen.**

   Sind
   treffen
   beziehe
   Kann
   hat

6. **Ergänzen Sie mit dem Artikel.**

der	der	eine	einen	einen
die	den	ein	der	das

7. **Ergänzen Sie mit dem Fragepronomen.**

   Wie wann wie viel Wo Was

8. **Bilden Sie Sätze.**

   Das ist unser Kunde aus Paris.
   Ab wann sind Sie am Stand?
   Wir haben eine Niederlassung in Berlin.
   Kann Herr Jäger von der Exportabteilung mal kurz vorbeikommen?
   Können Sie in meinem Terminkalender nachschauen?

Test 3 / 4

1. Ergänzen Sie.

verbinden	ausrichten	hinterlassen	am	Unter

2. Ergänzen Sie.

geschehen	Platz	Bestellen	mache	klagen

3. Ergänzen Sie.

Lieferanten	Auskunft	Abteilung	kapazität	Leitung

4. Ergänzen Sie.

ins	in den	aufs	in den	am
an der	aus der	nach	nach	am

5. Ergänzen Sie.

mich	sich	leitet	vorbeigekommen	zusammengearbeitet
um	nimmt	sieht	kennen gelernt	zurückgerufen

6. Ergänzen Sie.

Soll	Kann	muss	Darf	kann

7. Ergänzen Sie.

Das Material wird dringend gebraucht.
Die Autos werden in unserer Hamburger Fabrik produziert.
Der Katalog wird erst Ende des Jahres neu geliefert.
Wie viele Arbeitnehmer werden in diesem Unternehmen beschäftigt?
In dieser Firma wird viel im Team gearbeitet.

8. Ergänzen Sie.

eine interessante	einer zuverlässigen	viele/ Deutschen
den neuen	der deutschen	

Test 5 / 6

1. Ergänzen Sie.

Erkundigen empfehlen Denken
Wert Wissen

2. Ergänzen Sie mit jemand .../niemand .../je/nie/irgendwo/nirgendwo.

niemanden irgendwo niemandem
nie Nirgendwo/Nirgends

3. Ergänzen Sie das fehlende Adjektiv.

griechischen portugiesischen irische
chinesische polnische

4. Ergänzen Sie.

zur am im Am um

5. Ergänzen Sie.

Füllen Gewicht Höhe -etat -rate

6. Bilden Sie Sätze im Präsens.

... wer die Wartung übernimmt?
... welches Modell am billigsten ist!
... ob dieses Konzept richtig ist.
... weil ich wenig Zeit habe.
... wann die Teile montiert werden.

7. Ergänzen Sie mit einem Komparativ oder mit einem Superlativ.

besseren höhere erfolgreichsten meisten detailliertere

8. Ergänzen Sie.

unseren Ihren sein unsere seinem

9. Ergänzen Sie mit den Formen der 2. Person.

dir euch euch dir euch

10. Bilden Sie Sätze im Präsens.

durften sahst begann bat wusste